KB093726

챗GPT

반병현 지음

GPT 노마드의 탄생

2023 준비된 자에게 찾아온 빅찬스

생능북스

GPT 노마드의 탄생

초판 1쇄 발행 2023년 4월 14일
초판 2쇄 발행 2023년 4월 17일

지은이 | 반병현
펴낸이 | 김승기
펴낸곳 | ㈜생능출판사 / 주소 경기도 파주시 광인사길 143
브랜드 | 생능북스
출판사 등록일 | 2005년 1월 21일 / 신고번호 제406-2005-000002호
대표전화 | (031) 955-0761 / 팩스 (031) 955-0768
홈페이지 | www.booksr.co.kr

책임편집 | 유제훈 / 편집 신성민, 이종무 / 디자인 | 유준범(표지), 강민철(본문)
마케팅 | 백수정, 명하나 / 영업 | 최복락, 김민수, 심수경, 차종필, 송성환, 최태웅, 김민정
인쇄/제본 | 상지사

ISBN 979-11-92932-08-8 13320
값 19,000원

챗GPT

반병현 지음

{ GPT 노마드의 탄생 }

2023 준비된 자에게 찾아온 빅찬스

머리말

인공지능 기술은 현재 우리 사회에서 가장 활발하게 발전하고 있는 분야 중 하나입니다. 특히 자연어 처리 분야에서는 GPT 같은 인공지능 모델들이 혁신적인 발전을 이루어내며, 인간의 언어 이해와 생성 능력에 대한 경계를 허물어가고 있습니다.

GPT Generative Pre-trained Transformer는 OpenAI에서 개발한 자연어 처리 모델입니다. 이 모델은 대규모의 텍스트 데이터를 기반으로 사전 훈련된 다양한 모델들을 제공하여, 적은 데이터로도 높은 성능을 보이는 인공지능 언어 모델을 구현할 수 있게 합니다.

챗GPT는 GPT 모델을 기반으로 한 대화형 인공지능이며, 이 책에서는 챗GPT를 제어하고 활용하는 기술적인 개념부터 시작하여 다양한 분야에서의 활용 방법과 사례를 다루고 있습니다.

또한, 이 책에서는 프롬프트 엔지니어링 Prompt Engineering이라는 새로운 개념을 소개합니다. 이는 GPT 모델을 활용할 때, 입력되는 프롬프트 Prompt를 어떻게 구성하느냐에 따라 모델의 출력이 달라지는 원리를 이용하여, 더 정확하고 원하는 결과를 얻는 방법을 제시합니다. 독자 여러분은 프롬프트 엔지니어링을 통해 챗GPT를 효과적으로 활용하여 차별화된 콘텐츠를 작성할 수 있습니다.

이제 IT 비전문가도 인공지능 기술을 활용하여 새로운 수익을 창출해나갈 기회가 열리고 있습니다. 이 책은 그런 분들에게 GPT를 활용하는 다양한 방법과 사례를 안내함으로써, 선도적인 역할을 해나갈 수 있는 지름길을 제시하고자 합니다. 이 책이 부디 여러분에게 다양한 각도로 GPT의 활용 방법을 고민해볼 기회를 제공하기 바랍니다. 더 나아가 이 책에서 소개된 활용 사례가 단 한 명의 독자라도 도움이 될 수 있다면 저는 무척이나 큰 행복을 느낄 것 같습니다.

2023년 3월
저자 드림

차례

머리말   4

Chapter 01 | **GPT의 시대**   11

01 챗GPT로 돈을 벌 수 있을까?   13

02 GPT란 무엇인가?   15

03 챗GPT의 이론적 바탕이 된 어텐션   20

Chapter 02 | **프롬프트 엔지니어링이 필요하다**   23

01 '아' 다르고 '어' 다른 GPT   25

02 챗GPT가 개척한 새로운 직업, 프롬프트 엔지니어   33

03 어텐션을 활용한 주입식 교육은 AI에도 효과가 있다   36

04 이 책을 따라 하는 방법   43

Chapter 03 | **GPT로 다른 AI의 잠재력을 끌어내기**   45

01 Midjourney, 미술대회에서 1위를 한 AI   47

02 미드저니 디스코드 훑어보기   50

03 프롬프트 작성   52

04 그림 수정부터 컨펌까지   54

05 챗GPT 프롬프트 엔지니어링   58

06 미드저니 프롬프트 엔지니어링   63

Chapter 04 | **GPT 노마드 (1) - AI 블로거**   67

01 GPT가 없던 시절의 블로그 수익 자동화   69

02 어떤 키워드가 검색에 걸릴까?   72

03 저작권 없는 사진 자료를 확보하자   76

04 광고 플랫폼 선택   78

05 수익형 블로그 세팅   81

06 사업자등록이 필요하지 않습니다   86

07 첫 글을 어떻게 써야 할까요? - 멍멍이 아저씨   88

Chapter 05 | **GPT 노마드 (2) - AI 유튜버**   93

01 양산형 유튜브 영상의 구조   95

02 유튜브 수익 창출의 구조 이해하기   98

03 Stock Video 확보하기   101

04 BGM 확보하기   104

05 채널의 방향 설정하기   109

06 GPT로 정치 유튜브 내레이션 만들기   114

07 에셋 조립하기   118

08 미드저니와 파워포인트 프로그램으로 썸네일 만들기   122

09 영상 업로드   125

차례

Chapter 06 | GPT 노마드 (3) - AI 작가　　127

01 출판물 수익 구조에 대한 이해　　129

02 GPT를 활용한 책 기획　　134

03 미드저니와 PPT를 활용한 동화 원고 작성　　139

04 책 출간하기　　143

05 책 판매량과 수익 확인하기　　151

06 전자책 판매　　153

07 아마존 KDP를 통한 도서 해외 수출　　155

Chapter 07 | GPT와 엑셀이 만나다 - 투자 시뮬레이터 제작　　157

01 GPT와 실무 소프트웨어의 결합　　159

02 GPT와 엑셀의 만남, 효용성이 있을까?　　161

03 투자 전략 설계하기 - Modern Portfolio Theory　　164

04 챗GPT와 함께 엑셀 함수 선정　　171

05 주가 불러오기 - 챗GPT의 오류 바로잡기　　174

06 GPT가 추천해 준 포트폴리오의 투자 시뮬레이터 제작　　181

07 수익률 계산　　184

08 투자 결과 분석 시트 만들기　　189

09 주식 투자 시뮬레이터 활용　　198

10 챗GPT의 투자 전략이 73% 수익률을 달성한 비결　　200

Chapter 08 | 생산성 인플레이션   205

부록 1 | 챗GPT 부업 시 세금 처리 방법   211

부록 2 | 프롬프트 엔지니어링 레시피 모음   219

　　1　Chapter 3. 미드저니의 프롬프트 엔지니어링   221

　　2　Chapter 6. 동화 줄거리 예제의 프롬프트 엔지니어링   237

　　3　Chapter 7. 투자 전략의 프롬프트 엔지니어링   267

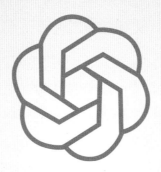

OpenAI

ChatGPT

Loading...

Chapter 01

GPT의 시대

챗GPT로 돈을 벌 수 있을까?

"챗GPT로 주식투자도 할 수 있습니까?"

서울의 모 구청에 강연하러 갔을 때 받은 질문입니다. 역시 사람들은 새로운 기술이 등장하면, 이것으로 돈을 벌 수 있는지에 큰 관심을 두게 되나 봅니다. 당연한 순서입니다. 저자 역시 이에 깊게 동감합니다. 아마 전 세계의 많은 사람이 관심이 있겠죠.

그런데 여기, 한 발 더 앞서나간 트렌드세터들이 있습니다. 이들은 허슬GPT^{HustleGPT}라 부르는 활동으로 돈을 벌고 있는데요. 허슬GPT는 쉽게 말해 챗GPT가 시키는 그대로 행동하여 돈을 버는 활동입니다.

이 중 가장 유명한 사례를 살펴보겠습니다.

비즈니스용 SNS인 링크드인 사용자인 잭슨@JacksonFall은 챗GPT에게 기업가 AI라는 역할을 부여하고, 사람이 현실 세계의 수족이 되어 행동할 것이라 설명했습니다. 그리고 육체노동과 불법적인 일 없이, 100달러를 최단기간 가장 큰돈으로 불리는 방법을 소개해달라고 부탁했습니다.

챗GPT는 잭슨에게 사업체를 꾸리는 데 필요한 것들을 안내해 줬습니다. 친환경 제품 관련 마케팅 비즈니스를 시작하자, 홈페이지를 만들어라, 서비스 이름은 〈Green Gadget Guru〉라고 지어라, 도메인을 사서 홈페이지에 연결하라, 홍보가 필요하므로 SNS 마케팅으로 40달러를 집행하라.

잭슨은 챗GPT의 지시에 따라 100달러 중 77달러를 집행했습니다. 어떤 성과가 있었을까요?

약 5일 뒤, 잭슨은 근황을 공개했습니다. 현재 사람들의 투자를 받아 현금 보유량이 $7,788로 늘어났고, $115의 순이익이 발생했다고요. 100달러로 시작한 사업체의 규모가 5일 만에 78배 성장한 것입니다!

재미있는 이야기입니다. AI의 뛰어난 두뇌를 빌려 내 사업체를 일으킬 수 있다니, 모험 이야기를 듣는 기분입니다.

이 책에서는 여러분이 하루에 한두 시간 정도, 퇴근 후에 남는 여유시간을 돈으로 바꿔줄 방법을 몇 가지 소개합니다. 허슬GPT처럼 두근거리는 여정은 아닐 수 있지만, 훨씬 낮은 리스크로 수익을 노려볼 수 있는 노마드GPT를 소개합니다.

GPT란 무엇인가?

2022년 말부터 2023년 1분기까지.

메타의 갤럭티카, 오픈AI의 챗GPT, 그리고 마이크로소프트의 빙 ^{Bing}으로 이어지는 대화형 인공지능 서비스의 전성시대가 찾아왔습니다. 심지어 2023년 3월, MS가 공개한 GPT 기반 AI인 코파일럿 ^{Copilot}의 성능은 두려울 정도입니다. 엑셀, 워드, 파워포인트, 아웃룩 등 오피스 제품군에서 채팅으로 몇 마디 대화만 나누면 모든 작업이 자동으로 수행됩니다. 데이터 분석, 자료 요약, 이메일 답변, 파워포인트 제작 등 정말 넓은 범위에서 말이죠.

GPT는 전 세계에서 가장 점유율이 높은 MS의 제품군^{마이크로소프트} ³⁶⁵을 통해 모든 사람에게 보급될 전망입니다. 이 결과로 20년 경력의 회계 종사자와 엑셀을 한 달 정도 다뤄본 중학생 사이 엑셀 실력의 차이가 사라질 것입니다. 경력이라는 가치가 퇴색되는 세상이 코앞으로 다가온 것입니다.

아래 QR코드를 통해 MS의 코파일럿 공식 소개 영상을 시청할 수 있습니다.

마이크로소프트 365 with
코파일럿 소개 영상

엑셀 with 코파일럿 소개 영상

13일만에 급하게 만들어진 챗GPT는 출시 두 달 만에 1억 명의 사용자를 모았으며, 전 세계의 신문 헤드라인을 뜨겁게 달궜습니다. 챗GPT가 출시된 지 3개월 이상의 시간이 지났지만, 아직도 네이버 뉴스의 사회 탭에는 챗GPT 관련 테마 기사가 최상단에 위치해 있습니다.

사실 챗GPT에 사용된 AI 기술GPT-3은 2020년에 제작된 것입니다. AI 학계에서는 매월 셀 수 없이 많은 논문들이 발표되고 있기에 발표되고 1분기만 지나도 첨단기술이라고 하기에 애매해지는 경우가 많습니다. 하물며 수 년 전에 발표된 기술이니, 챗GPT가 가진 파급효과가 어떤 기술적 혁신으로 인해 만들어진 것은 아닐 수도 있겠습니다. 실제로 메타의 AI부문 수장인 얀 르쿤Yann LeCun은 챗GPT에는 혁신이 없다고 맹비난하기도 했고요.

하지만 몇몇 기술자들의 견해와 달리 챗GPT가 뜨거운 반향을 일으킨 이유는 기술적 혁신 때문이 맞는 것 같습니다. 지금까지 AI와의 직접적인 소통은 오로지 IT 전문가만의 영역이었습니다. 하지만 챗GPT는 일반인과 AI가 자연어[1]를 통해 소통할 수 있는 창구를 열어줬습니다. 누구나 이해할 수 있고, 사용할 수 있는 형태로요.

매우 쉽게 사용할 수 있지만, 비슷한 사용 난도를 가진 바로 이전 세대의 제품들[2]과는 압도적인 격차를 보이는 제품이니 챗GPT는 혁신인 것입니다.

그리고 이 혁신의 소용돌이 중심에 언어 모델Language Model이라 부르는 AI 기술이 자리잡고 있습니다. 언어 모델은 문자 그대로 인간의 언어를 이해한 AI 모델[3]을 의미합니다. 그리고 이 이해의 범위는 시대가 발전함에 따라 점점 더 정교해졌습니다.

그런데 연구자들은 재미있는 점을 발견했습니다. AI의 부피를 두 배 늘렸더니 성능이 5%가량 증가했다[i]는 것입니다. 그리고 여기서 부피를 키우면 키울수록 성능이 조금씩 조금씩 증가합니다.

성능 향상폭에 비해 AI의 부피 증가로 인한 운영 비용 증가가 훨씬 기하급수적으로 커지기는 하지만, OpenAI는 일단은 성능이 올라가기는 한다는 점에 주목했습니다. 게다가 OpenAI는 야심차게 출시한 GPT라는 AI 기술을 불과 4개월만에 구글에게 따라잡힌 뼈아픈 전적이 있었습니다.

---

1   한국어, 영어 등 사람이 사용하는 현실 세계의 언어
2   시리, 빅스비, 기가지니 등 대화형 AI 서비스들
3   수학적인 언어로 정확하게 표현해 보자면, 인간의 언어를 구축하는 단어에 대한 베이즈 확률을 정교하게 계산하는 계산기로 표현할 수 있다

제작사	AI 이름	발표 연도	파라미터 개수[4]
OpenAI	GPT-1	2018	1억 개
구글	BERT	2018	3억 개
OpenAI	GPT-2[ii]	2019	14억 개
OpenAI	GPT-3[iii]	2020	1,750억 개

그래서일까요? 어느 순간부터 OpenAI는 부피가 엄청나게 큰 AI에 집착하기 시작했습니다. 위 표를 보면 OpenAI가 2020년에 갑작스럽게 급발진한 것을 확인할 수 있습니다. 이 정도 규모의 AI를 운영하려면 최소 1천억 원가량의 슈퍼컴퓨터가 필요합니다.

부피가 커지다 보니 그만큼 AI가 언어를 이해하는 역량도 성장했습니다. GPT-3는 이처럼 거대한 두뇌를 가진 AI에게 단어 퀴즈를 시키면서 인간의 언어를 이해시켰습니다.

원본 문장 강아지는 식탐이 많은 동물이다

1단계 강아지는 ⟶ GPT ⟶ 예측 ⟶ 식탐이

2단계 강아지는 식탐이 ⟶ GPT ⟶ 예측 ⟶ 많은

3단계 강아지는 식탐이 많은 ⟶ GPT ⟶ 예측 ⟶ 동물이다

GPT 모델의 프리트레이닝 원리

예를 들어 위의 그림처럼 4어절로 구성된 문장이 있다면, 문장을 쪼개 총 3번의 퀴즈 풀이를 시킬 수 있습니다. AI는 입력받은 문장

---

4 AI를 구성하는 변수의 개수로, 파라미터의 개수가 늘어나면 늘어날수록 AI의 부피가 커지고 계산 부담이 커진다

을 분석하여 그 뒤에 오면 좋을 단어를 추론하는 작업을 수행합니다. 천문학적인 부피의 데이터를 대상으로 이와 같은 작업을 반복수행하다 보면, 어느새 AI가 인간의 언어 구조를 이해하게 됩니다.

이것이 챗GPT나 구글의 바드Bard와 같은 현대의 초거대 언어 모델이 만들어지는 원리입니다.

AI가 한 번 인간의 언어를 이해했다면, 이 AI를 가공하여 다양한 용도로 활용할 수 있습니다. 챗GPT와 같은 채팅 기능을 만들어 볼 수도 있겠고, 검색엔진과 연동하여 실시간으로 검색 결과를 요약하여 제공해 주는 빙을 만들 수도 있습니다.

현대의 언어 모델이 성능이 뛰어난 이유에는 거대한 부피도 기여를 하고 있습니다만, 어텐션Attention이라는 개념도 큰 지분을 차지하고 있습니다. 앞의 그림에서 노란 상자로 표현된 부분이 어텐션인데요, 노란 상자와 AI가 예측한 단어를 한 번 유심하게 살펴보기 바랍니다.

AI가 추론한 단어가 항상 노란 상자와 관련이 깊지요? 챗GPT가 답변을 생성하는 과정에서도 노란 상자가 작용합니다. 덕분에 챗GPT가 청산유수처럼 이야기를 할 수 있는 것입니다.

자, 그러면 이 위대한 발명품인 어텐션에 대해서 살펴보겠습니다.

03

챗GPT의 이론적 바탕이 된 어텐션

2013년의 언어 모델[iv]은 대규모의 문장을 학습하며, 문맥 속에서 단어의 의미를 유추하고 이해하는 데 성공했습니다. 2014년의 언어 모델[v]은 문장의 의미를 이해하고, 여러 문장들이 가진 의미가 얼마나 유사한지, 혹은 얼마나 상이한지를 유추하는 데 성공했습니다. 2014년에 이르러, 기계가 인간이 사용하는 언어의 의미를 이해하는 것이 가능해진 것입니다.

여기에 2014년 3분기에 어텐션[vi]이 발표되며 자연어 처리 분야는 마치 핵분열 반응처럼 상호작용을 일으키며 폭발적으로 성장하기에 이르렀습니다. 어텐션이 무엇이며, 왜 언어를 이해하는 AI 기술의 발전을 촉진시켰는지는 다음 사진 한 장으로 설명할 수 있습니다.

31. There is something deeply paradoxical about the professional status of sports journalism, especially in the medium of print. In discharging their usual responsibilities of description and commentary, reporters' accounts of sports events are eagerly consulted by sports fans, while in their broader journalistic role of covering sport in its many forms, sports journalists are among the most visible of all contemporary writers. The ruminations of the elite class of 'celebrity' sports journalists are much sought after by the major newspapers, their lucrative contracts being the envy of colleagues in other 'disciplines' of journalism. Yet sports journalists do not have a standing in their profession that corresponds to the size of their readerships or of their pay packets, with the old saying (now reaching the status of cliché) that sport is the 'toy department of the news media' still readily to hand as a dismissal of the worth of what sports journalists do. This reluctance to take sports journalism seriously produces the paradoxical outcome that sports newspaper writers are much read but little _____.

* discharge: 이행하다 ** rumination: 생각
*** lucrative: 돈을 많이 버는

① paid
② admired
③ censored
④ challenged
⑤ discussed

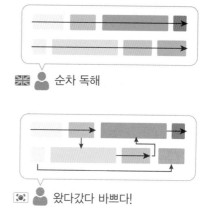

순차 독해

왔다갔다 바쁘다!

　수능 영어 지문을 만났을 때, 원어민은 처음부터 끝까지 순차로 단어를 받아들이며 독해를 진행합니다. 영어 어순과 원어민의 사고방식이 동일한 방향으로 세팅되어 있기 때문입니다. 반면 한국인은 영어를 읽을 때 앞뒤로 왔다갔다 눈동자가 바쁘게 움직입니다. 한국어의 어순에 맞도록 영어를 해석해 나가며, 머릿속에서 의미를 조합하는 편이 효율적이기 때문입니다.

　이때 눈동자를 바삐 움직이며 "이번에는 어느 부분을 읽어야지?"를 판단하는 과정이 바로 어텐션입니다.

　2014년 이후의 고성능 언어 모델은 어텐션을 적극적으로 차용합니다. 인간과 AI가 언어를 이해하는 원리에는 조금 차이가 생길 수 있겠지만, 어텐션의 도움을 받아 AI가 언어를 가장 이해하기 편한 순서로 이리저리 훑어보며 판단하고 학습할 수 있게 되었습니다.

　결과적으로 AI의 성능이 폭발적으로 성장하게 된 것입니다. 챗GPT 역시 어텐션에 굉장히 크게 의존하고 있는 AI 모델이며, 만약

챗GPT에서 어텐션 기능을 삭제한다면 그 성능이 꼴사나운 수준까지 떨어질 수도 있을 것입니다.

어텐션이 있기 때문에 챗GPT는 전문적인 작업도 수행할 수 있게 되었습니다. 챗GPT는 우리의 질문에 답변하기 위하여, 어텐션을 활용하여 우리와 과거에 나누었던 대화를 빠르게 한 번 훑어봅니다. 그렇기에 챗GPT는 사용자와 과거에 나눈 대화의 내용을 또렷하게 기억하는 것처럼 대답을 생성할 수 있습니다.

이것이 챗GPT의 놀라운 작문 실력의 비밀입니다.

i   Devlin, Jacob, et al. *"Bert: Pre-training of deep bidirectional transformers for language understanding."* arXiv preprint arXiv:1810.04805 (2018).

ii Radford, Alec, et al. *"Language models are unsupervised multitask learners."* OpenAI blog 1.8 (2019): 9.

iii Brown, Tom, et al. *"Language models are few-shot learners."* Advances in neural information processing systems 33 (2020): 1877–1901.

iv Mikolov, Tomas, et al. *"Efficient estimation of word representations in vector space."* arXiv preprint arXiv:1301.3781 (2013).

v   Sutskever, Ilya, Oriol Vinyals, and Quoc V. Le. *"Sequence to sequence learning with neural networks."* Advances in neural information processing systems 27 (2014).

vi Bahdanau, Dzmitry, Kyunghyun Cho, and Yoshua Bengio. *"Neural machine translation by jointly learning to align and translate."* arXiv preprint arXiv:1409.0473 (2014).

Chapter 02

프롬프트 엔지니어링이 필요하다

01

'아' 다르고 '어' 다른 GPT

　우선 챗GPT의 작동 방식을 이해해야 합니다. 질문을 어떻게 잘하느냐에 따라 더 수준 높은 답변을 얻을 수 있습니다. 예시로 챗GPT에 질문을 하나 해 보겠습니다. 비가 오면 바닥이 미끄러워지는데요. 자동차가 어떻게 빗길에도 미끄러지지 않고 잘 주행할 수 있는지를 질문해보겠습니다. 비슷한 의미가 있지만 약간 다른 두 개의 질문을 해 보겠습니다.

❶ 자동차가 빗길에 미끄러지지 않는 원리를 알려줘.
❷ 자동차의 타이어가 빗길에 미끄러지지 않는 원리를 알려줘.

　이 두 질문에 대해 챗GPT는 어떻게 답변할까요? 다만 챗GPT는 같은 질문이라도 다르게 답변할 수 있으니 아래 답변은 참고만 해주세요.

〈질문 ❶〉 자동차가 빗길에 미끄러지지 않는 원리를 알려줘.

자동차가 빗길에 미끄러지지 않는 원리에는 몇 가지 요인이 있습니다.

1. 마찰력 증가

   빗길에서 바퀴가 지면과 접촉할 때 타이어와 지면 간의 마찰력이 감소하게 됩니다. 하지만 일부 타이어에는 물을 효과적으로 배출하는 구조물이 있어서 마찰력을 증가시키는 데 도움을 줍니다. 그리고 스노우타이어처럼 눈길에 최적화된 타이어를 사용하는 것도 마찰력을 증가시키는 방법입니다.

2. 주행 속도 감소

   자동차가 빗길에서 미끄러지지 않으려면 주행 속도를 줄이는 것이 중요합니다. 빗길에서는 더 많은 시간이 필요하므로 급정거와 급가속을 피해야 합니다.

3. 브레이크와 조향 휠 조작

   자동차가 급정거하면 타이어와 지면 간 마찰력이 급격히 변화하므로 미끄러질 가능성이 큽니다. 그러므로 브레이크와 조향 휠을 조작하여 조금씩 감속하고, 주행 방향을 조절해야 합니다.

4. 안전거리 유지

   빗길에서는 차량 간 거리를 충분히 두어야 합니다. 안전거리를 충분히 두면 급정거나 급가속할 때 충돌을 예방할 수 있으며, 타이어와 지면 간 마찰력이 줄어들어도 미끄러지지 않게 됩니다.

   따라서 빗길에서 안전하게 운전하려면, 위와 같은 방법을 고려하여 안전거리를 유지하고 속도를 줄이며, 브레이크와 조향 휠을 조작하여 안정적인 주행을 유지해야 합니다.

〈질문 ❷〉 자동차의 <u>타이어가</u> 빗길에 미끄러지지 않는 원리를 알려줘.

자동차의 타이어가 빗길에 미끄러지지 않는 원리는 타이어의 마찰력과 관련이 있습니다. 빗길에서는 바닥이 미끄러우므로 타이어와 지면 사이의 마찰력이 감소합니다. 하지만 타이어의 마찰력을 증가시키는 방법으로 미끄러짐을 방지할 수 있습니다.

1. 프로필이 깊은 타이어 사용

   타이어의 프로필이 깊을수록 물이 타이어와 지면 사이로 흐르면서 마찰력을 증가시킵니다. 따라서 빗길에서는 프로필이 깊은 타이어를 사용하는 것이 좋습니다.

2. 스노우타이어 또는 물이 배출되는 구조물이 있는 타이어 사용

   스노우타이어는 눈길에 최적화되어 있어 물이 적게 미끄러지는 구조입니다. 또한, 일부 타이어에는 물을 배출하는 구조물이 있어서 마찰력을 증가시키는 역할을 합니다.

3. 적절한 타이어 공기압 유지

   타이어의 공기압이 적정한 상태라면 타이어가 지면과 균일하게 접촉하므로 마찰력이 증가합니다. 따라서 타이어 공기압을 적절히 유지하는 것이 중요합니다.

4. 주행 속도 감소

   빗길에서는 주행 속도를 감소시키는 것이 중요합니다. 주행 속도가 느려지면 타이어와 지면 사이의 마찰력이 증가하므로 미끄러짐을 방지할 수 있습니다.

따라서 빗길에서는 타이어의 상태를 확인하고, 적절한 타이어를 선택하며, 적절한 타이어 공기압을 유지하고, 주행 속도를 감소시켜 안전 운전에 최선을 다해야 합니다.

질문 ❶에 대해 챗GPT는 더 넓은 범위에 대한 설명을 제공합니다. 질문 ❷의 경우 타이어와 관련된 정보를 훨씬 자세히 설명하고 있으며, 타이어 외의 정보인 안전거리 등에 대해서는 전혀 언급하고 있지 않습니다. 의미가 거의 유사한 것 같지만, 챗GPT는 문장에 삽입된 지엽적인 구조를 놓치지 않고 작문해냈습니다.

이것은 앞서 설명한 어텐션 덕분에 발생하는 현상입니다. 앞의 두 질문의 경우 어텐션이 '타이어'라는 단어의 존재 유무에 집중하여, 챗GPT가 답변의 범위를 좁히며 밀도를 높인 사례입니다.

그렇다면 방금 살펴본 두 개의 질문 중에서 어떤 질문이 더 잘 설계된 질문일까요? 여러분이 타이어나 마찰력과 관련된 지식에 관심을 두고 있다면 질문 ❷가 훨씬 더 잘 설계된 질문입니다. 반대로 자동차에 적용된 전반적인 미끄럼 방지 기술이 궁금했다면 질문 ❶이 더욱 잘 설계된 질문입니다.

이처럼 언어 모델과 코딩 없이, 대화를 주고받으며 답변의 성능을 극대화하는 작업을 프롬프트[1] 엔지니어링이라고 부릅니다. 챗GPT 덕분에 프롬프트 엔지니어라는 새로운 직업이 생겨나고 있으며, 실리콘밸리에서는 연봉 7억 원짜리 채용공고가 올라오고 있습니다. AI를 잘 구슬리고, 교육시켜서 인간에게 유용하게 조련시켜 나가는 작업이 일반인의 업무에 비해 최대 20배까지 높은 경제적 효용성을 갖고 있다는 뜻이겠지요.

이것이 아주 기초적인 수준의 **프롬프트 엔지니어링**Prompt Engineering입

---

1 프롬프트(prompt) : AI에 명령을 수행시키기 위하여 전달하는 텍스트로 이해하면 된다.

니다. 만약 여러분이 타이어와 관련된 정보에 더욱 집중하기 위하여 ❶이라는 문장 대신 ❷라는 문장을 입력했다면, 이것도 훌륭한 프롬프트 엔지니어링 사례로 볼 수 있습니다. 프롬프트 엔지니어링은 이 책에서 계속 강조할 핵심 단어입니다.

또한 구체적인 사례를 제공하는 것도 좋습니다. 다음과 같이 말입니다.

"자동차의 구조에 대해 공부 중인데, 자동변속기의 종류 중에는 어떤 것이 있어? 현재 어떤 방식이 가장 많이 사용돼?"

"컴퓨터의 주요 부품 중에서 SSD는 어떤 역할을 담당해? 그리고 이건 왜 비싸?"

"샤브샤브와 훠궈의 차이점을 뭐라고 설명해야 할까? 설명을 들을 사람은 덴마크인이고 해외여행을 해 본 경험이 없대."

최대한 답변의 여지를 줄일 수 있는 방향으로 질문을 설계하며, 인류 역사상 가장 똑똑한 AI의 효능과 효험을 체험해 보기 바랍니다.

한때 언론사에서 영어로 질문을 하면 더 스마트한 답변을 받을 수 있다는 내용을 보도했지만, 유료 버전인 챗GPT PLUS 사용자에게는 해당하지 않습니다. 챗GPT PLUS 사용자는 〈챗GPT 터보[2]〉 및 〈GPT-4〉라는 모델을 사용할 수 있는데, 이 모델들은 한글도 잘 알아듣기 때문입니다.

다만 여전히 영어로 질문하는 데에 장점이 있습니다. 예시를 보여드리겠습니다.

---

2 현재 유료 사용자에게는 이 모델이 Default(기본)로, 기존의 모델이 Legacy(구형)로 표시된다.

❶ How can I give her a flower?

❷ How can she receive a flower from me?

문장이 전달하려는 관념적인 의미는 크게 다르지 않습니다. 뉘앙스가 조금은 다를 수 있지만요. 하지만 챗GPT의 답변은 크게 달라집니다.

 〈질문 ❶〉 How can I give her a flower? (내가 그녀에게 어떻게 꽃을 줄 수 있을까요?)

Giving someone a flower can be a sweet and thoughtful gesture that can brighten up their day. Here are a few tips on how to give a flower to someone special:

1. Choose the right flower: Different flowers convey different meanings. You may want to choose a flower that reflects your feelings or the occasion. For example, red roses are often associated with romantic love, while yellow roses symbolize friendship.

2. Decide on the presentation: You can give a flower in a simple and classic way by presenting it with your hand or you can make it extra special by putting it in a vase, or wrapping it in a ribbon or paper.

3. Add a personal touch: Consider adding a heartfelt note or a message to go along with the flower. You could also personalize the presentation by choosing a favorite color or style that the recipient enjoys.

4. Choose the right moment: Think about the right timing to present the flower. It could be a special occasion or just a regular day when you want to show your affection or appreciation.

5. Be sincere: Finally, make sure you give the flower with genuine sincerity and kindness. Let the recipient know that you care about them and want to bring a smile to their face.

 〈질문 ❷〉 How can she receive a flower from me? (그녀는 어떻게 나에게 꽃을 받을 수 있을까요?)

Assuming you want to give someone a physical flower, here are some options:

1. Give it to her in person: This is a classic way to give someone a flower. You can give it to her in person, either by handing it to her or by placing it somewhere where she will find it.

2. Have it delivered: You can order flowers online or through a florist and have them delivered to her. This is a good option if you can't be with her in person.

3. Send a virtual flower: If you can't give her a physical flower, you can send her a virtual one through an e-card or an online messaging platform.

No matter which option you choose, be sure to include a thoughtful message to let her know why you're giving her the flower and how much she means to you.

질문 ❶의 경우 로맨틱한 분위기에서 꽃을 전달하는 방법을 소개하고 있습니다만, 질문 ❷의 경우 꽃을 전달하는 물리적인 수단에 대한 설명을 제안하고 있습니다. 한글로 질문을 할 경우 이와 같은 미묘한 뉘앙스 차이까지는 제대로 인식하지 못하는 것 같으므로, 영어로 질문하면서 문장의 형식이나 구조를 조금씩 수정해 보는 것도 좋겠습니다.

02

챗GPT가 개척한 새로운 직업,
프롬프트 엔지니어

AI에 지엽적인 질문을 던지면 대답의 밀도가 높아집니다. 아주 간단하고 당연하게 여겨지는 사실일 수도 있습니다. 하지만 챗GPT의 등장 이후 프롬프트 엔지니어링은 무척이나 중요한 분야로 자리 잡았고, 프롬프트 엔지니어 채용 공고가 전 세계에서 쏟아지기 시작했습니다.

IT 분야와는 거리가 먼 회사들도 적극적으로 프롬프트 엔지니어를 채용하고 있습니다. 앞의 사진은 영국의 거대 로펌에서 등록한 프롬프트 엔지니어 채용공고입니다. GPT에 법률적인 지식을 잘 주입시켜, 법률 상담이 가능하도록 훈련시키는 것이 주 업무가 될 것으로 보입니다.

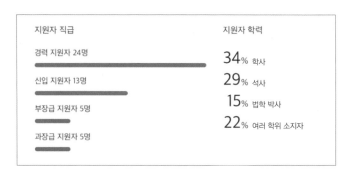

심지어 이렇게 낯선 채용공고에 지원한 사람들의 평균 경력과 학력이 예사롭지 않아 이슈가 됐었습니다. 특히 법학 박사 소지자의 경우, AI 기술 개발의 전문가가 아니라 법률의 전문가입니다. "내가 법을 잘 아니까 AI에 법을 잘 가르칠 수 있다."라는 자신감으로 지원한 것으로 보입니다.

아쉽게도 국내 기업들의 프롬프트 엔지니어링에 대한 이해도는 아직 높지 않은 편입니다. 2023년 3월, 국내 모 금융그룹 산하 투자증권사에서 ChatGPT를 활용한 리서치 방법론과 활용사례에 대한 보고서를 발간했습니다.

이 보고서에서는 대화창에 웹페이지의 URL을 입력하면 해당 URL을 탐색하여 외부 웹페이지의 내용을 읽어와 답변 생성에 참고한다는 내용이 수록되어 있었습니다. 챗GPT는 이런 종류의 웹 검색 기능을 수행하지는 못하고, URL에 기재된 영단어를 추출하여 내용물을 이해한 것처럼 즉석에서 답변을 지어냅니다.

얼마 지나지 않아 국내 최대의 AI 연구자 커뮤니티인 〈텐서플로코리아〉에 이 자료의 오류를 지적하는 게시물이 게재되며 챗GPT 오용 사례집으로 공론화되었습니다. 증권사가 발간한 공식 보고서이므로 많은 투자자가 이를 참고할 수도 있겠습니다.

서울시 산하 출연재단이 발간한 자료에도 오류가 있어 발표 당일 오전에 저자가 전화로 제보를 드렸는데, 수정사항이 반영되었는지는 확인하지 못했습니다. 위 사례와 유사한 오류로, 논문의 인용 문구를 넣으면 관련 내용을 챗GPT가 생성해준다는 내용이 기재되어 있었습니다. 사실 챗GPT는 입력받은 문구에서 논문 제목을 추출하고 이를 토대로 상상력을 발휘할 뿐인데 말이죠.

조만간 챗GPT의 작동 원리나 올바른 활용 방법들이 일반인에게까지 상세히 알려지게 되면 이런 문제가 해소될 것으로 생각됩니다. 국내에서는 법무법인 율촌과 대륙아주가 챗GPT 활용에 비교적 적극적인 입장인 것으로 보도자료가 나오고 있습니다. AI 스타트업 뤼튼에서는 억대 연봉 프롬프트 엔지니어를 채용할 것이라 밝혔고요. 앞으로 어떤 산업계에서 가장 적극적으로 프롬프트 엔지니어 채용에 나설지 주목해 보기를 바랍니다.

03

어텐션을 활용한 주입식 교육은
AI에도 효과가 있다

GPT 계열 AI는 어텐션 덕분에 대량의 정보에서 유용한 정보만 추출해 내는 작업을 매우 잘 수행합니다. 이 점을 활용하면 굉장히 다양한 시도가 가능해집니다. 예를 들면, 챗GPT에게 지식을 강제로 주입하는 것도 가능해집니다.

> 갑은 을의 귀가 당나귀의 귀처럼 생겼다는 사실을 공공연히 적시하여 을의 명예를 훼손하였다. 이때 발생하는 민형사상 책임에 대하여 설명하시오.

> 이 문장에서 "갑은 을의 귀가 당나귀의 귀처럼 생겼다는 사실을 공공연히 적시하여 을의 명예를 훼손하였다"라는 내용은 민형사상에서의 명예훼손(Defamation)을 말하고 있습니다.

명예훼손이란, 타인의 명예나 품위를 훼손하는 말이나 행위를 말합니다. 이러한 말이나 행위가 타인의 권리나 이익에 중대한 손해를 야기할 경무, 그 사람은 민형사적으로 책임을 질 수 있습니다.

따라서 "갑"이라는 사람이 "을"의 명예를 훼손하기 위해 공공연히 적시한 말에 대해서는 민형사적으로 책임이 있을 수 있습니다.

앞의 사례는 챗GPT에 간단한 법률자문을 요청한 대화 내역입니다. 챗GPT의 답변에는 두루뭉술하고 모호한 면이 있습니다. 그렇기에 뉴스 기사에서 "아직 챗GPT가 한국의 법률을 따라잡지 못하고 있어 활용성이 떨어지고 있다."라는 내용이 보도되는 것입니다. 다음 사례를 살펴보겠습니다.

갑은 을의 귀가 당나귀의 귀처럼 생겼다는 사실을 공공연히 적시하여 을의 명예를 훼손하였다. 이때 발생하는 민형사상 책임에 대하여 설명하시오.

갑이 을의 명예를 훼손하기 위해 공공연히 거짓 정보를 유포한 경우, 이는 형법 제307조의 명예훼손죄에 해당합니다. 따라서 형법상으로는 갑은 2년 이하의 징역이나 금고 또는 500만 원 이하의 벌금에 처해질 수 있습니다.

또한, 민법 제764조는 명예훼손에 대한 특별한 법적 규정을 제공하고 있습니다. 이에 따르면, 피해자인 을은 갑에 대해 손해배상 청구를 할 수 있습니다. 또한, 을은 명예회복을 청구할 수 있으며, 이를 위해 법원은 명예회복에 적당한 처분을 명할 수 있습니다.

따라서 갑은 형법상으로 처벌을 받을 뿐만 아니라, 민법상으로도 손해

배상을 지불하고 명예회복을 위한 처리를 받을 수 있습니다. 이때, 갑이 거짓 정보 대신 사실에 근거한 정보를 제공하고, 그 정보가 공익을 위한 것이라면 형법 제310조에 따라 처벌에서 면제될 수 있습니다.

이번에는 채팅창을 통해 챗GPT에 대한민국의 형법과 민법을 알려주고 나서 동일한 질문을 해 본 사례입니다. 법조문과 벌금, 형량뿐 아니라 민형사상 조치와 면책 규정까지 무척이나 상세하게 답변해줍니다. 이 정도면 변호사의 서면 상담과 크게 다르지 않은 수준입니다.

어떻게 답변의 수준이 이렇게 한 순간에 높아지게 되었을까요?

저자는 챗GPT의 핵심 원리인 어텐션을 활용했을 뿐입니다. 챗GPT의 채팅창에 대량의 전문지식을 입력해두면, 추후 질문이 들어왔을 때 챗GPT의 어텐션이 과거의 대화 내역을 참고합니다. 챗GPT가 답변에 참고할 수 있는, 일종의 컨닝 페이퍼를 만들어 준 것입니다.

대량의 텍스트를 요약하는 것은 챗GPT가 무척이나 잘 해내는 작업이므로, 이처럼 요약된 전문지식을 전달받을 수 있게 되는 것이고요.

"챗GPT가 아직 우리 분야의 지식은 부족하다."

미디어를 통해 이처럼 주장하는 전문가들이 계시지만, 최신 논문을 200편가량 입력한 뒤 챗GPT와 대화를 나눠 보신다면 더 이상 쉽게 이런 주장을 하실 수 없게 될 것입니다. 사실 언어 이해를 위해 만들어진 언어 모델을 대상으로 지식의 전문성을 논한다는 것 자체가 재미있는 현상이기도 합니다. 언어의 유창성에 대해서는 이미 인정받은 것으로 볼 수 있으니까요.

전문지식을 갖춘 사람이 챗GPT를 잘 길들이는 방향으로 대화를 주고받으면, 챗GPT는 대화 내용을 기반으로 조금씩 성장해나갑니다. 그 결과 일반인을 압도하는 전문성을 갖춘 정확한 답변을 만들어낼 수 있고요. 이것이 프롬프트 엔지니어의 연봉이 높게 책정된 이유일 것입니다.

챗GPT가 학습한 지식의 범위에는 제한도 있고, 언어적 장벽도 있을 것입니다. 챗GPT가 학습한 데이터 중에서 한글로 된 데이터의 범위가 1.5%에 지나지 않는다는 분석도 있었고요. 그렇지만 그건 전혀 중요한 사실이 아니게 되었습니다.

잘 모르면 채팅창을 통해 우리가 알려주면 되니까요. 챗GPT에 지식을 주입하는 과정도 무척이나 간단합니다. 아래의 3단계로 요약이 가능합니다.

❶ 챗GPT 채팅창을 실행한다

❷ 주입하려는 지식을 입력하고 (Enter)키를 누른다.

❸ 챗GPT의 답변을 무시하고, ❷를 반복한다.

챗GPT는 여러분이 입력하는 지식에 대한 요약문을 작성하거나 패러프레이징[3]을 시도하는 등, 여러 답변을 제공할 것입니다. 이 답변을 전부 무시하고 ❷를 반복하면 챗GPT에 대량의 지식을 주입할 수 있습니다.

여기서 끝이 아닙니다. 챗GPT는 언어 모델로, 질문에 대한 답변 뿐만 아니라 새로운 문장을 창작하는 능력도 매우 뛰어납니다. 이의 부작용으로 모르는 내용도 마치 아는 것처럼 유창하게 대답하는 부작용이 있는데요. 만약 챗GPT에 대량의 지식을 주입시킨 다음, 질문을 한다면 상황이 달라질 수도 있습니다.

OpenAI의 학습에 사용된 빅데이터가 답변 생성에 도움을 크게

---

3   패러프레이징(Paraphrasing) : 같은 단어의 반복을 피하기 위해 유사한 의미를 가진 다른 단어를 사용하는 것

주지 못하더라도, 여러분이 주입한 지식이 답변 생성에 도움이 될 수 있다면 비교적 그럴싸한 추론을 만들어낼 수도 있습니다. 이것이 프롬프트 엔지니어링이 GPT 시대의 필수 소양으로 자리 잡은 이유입니다.

챗GPT에 새로운 지식을 가르치고 싶다면, 메뉴의 상단에 있는 [+ New chat] 버튼을 클릭하여 대화를 새롭게 시작하세요. 챗GPT는 다른 채팅방에서 진행된 대화 내역에 대하여 접근할 수 없으므로 기존의 대화 내용 때문에 오염되지 않은, 새로운 채팅 환경에서 지식 주입을 시작하는 것이 좋습니다.

만약 과거의 대화 프롬프트를 삭제하려면 위 사진에 있는 채팅창 우측의 휴지통 아이콘을 누르면 됩니다. 한 번 삭제된 대화는 영영 복구할 수 없으므로, 공들여 대량의 지식을 주입한 채팅 세션을 실수로 종료하지 않도록 주의하기를 바랍니다.

대화를 통한 프롬프트 엔지니어링에는 딱히 IT 분야 전공지식이 필요하지 않으며 인문학이나 법학 분야에서는 매우 유용하게 활용될 수 있는 기술이므로, 저자는 향후 대학의 거의 모든 학과에서 프롬프트 엔지니어링을 필수 교과로 채택할 것 같다고 예상합니다. 관련 학과도 개설될 것이고요.

실제로 "프롬프트 엔지니어링 덕분에 드디어 인문대에 AI 교양 과목을 개설할 효용성이 생겼다."라는 반응을 보이시는 대학 교수님도 계셨습니다. 어찌 보면 인류 역사상 최초로 인문학 전문가가 첨단 IT산업의 발전에 기여할 수 있는 기회가 열린 것일 수도 있고요. 챗GPT는 코딩 없이 한국어로 이야기해줘도 잘 알아들으니까요.

여기서 더 나아가, 어쩌면 특이점 이후 세상에서 프롬프트 엔지니어링을 이해한 사람과 이해하지 못한 사람 사이에 생산성에 격차가 생기고, 이에 따라 유발된 소득 격차가 단순한 노력으로 메꿀 수 없을 만큼 깊어지지는 않을지 불안한 마음이 들기도 합니다.

이 책을 따라 하는 방법

이 책에서 소개되는 챗GPT의 여러 활용 사례 중 대다수는 더 바람직한 답변을 받기 위하여 프롬프트 엔지니어링이 진행되었습니다. 분량 문제로 챗GPT에 주입한 사전 대화 내용을 본문이 아니라 부록에 수록하였습니다.

부록 2를 참고하여 그대로 프롬프트 엔지니어링을 수행해도 좋고, 혹은 유사한 방법으로 여러분이 직접 챗GPT에 지식을 주입해도 좋습니다. 만약 이 과정이 매우 번거롭다면, 별다른 프롬프트 엔지니어링 없이 바로 챗GPT에 질문해 보며 책의 결과물과 비교하는 것도 의미 있을 것입니다.

OpenAI

ChatGPT

Loading...

Chapter 03

GPT로 다른 AI의 잠재력을 끌어내기

Midjourney, 미술대회에서 1위를 한 AI

미드저니^{Midjourney}와 챗GPT의 결합 방법을 살펴보겠습니다. 미드저니는 현재 세계에서 가장 저명한 그림 생성 AI로, 미국 콜로라도에서 열린 미술대회에서 인간을 꺾고 1위를 차지한 그림을 그려낸 AI이기도 합니다. 이후 미드저니는 꾸준히 업데이트되어 괄목할 만한 그림 솜씨를 뽐내고 있습니다.

미술대회에서 우승한 미드저니의 그림, 〈우주 오페라 극장〉

미드저니 홈페이지https://midjourney.com로 접속합니다. 이어 우측 하단의 [Join the Beta] 메뉴를 클릭합니다.

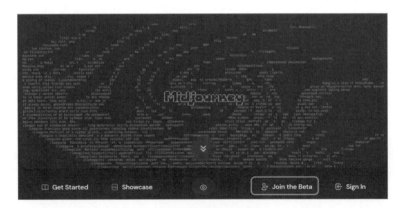

미드저니 홈페이지

이어 디스코드[1]의 초대 화면이 실행됩니다. 디스코드 계정을 생성한 뒤 다시 돌아와 하단의 [이미 계정이 있으신가요?]를 클릭하여 로그인합니다.

로그인 후 미드저니의 디스코드 서버 페이지에 자동으로 이동합니다. 메인 화면에는 최근에 많은 추천을 받은 하이라이트 게시물이 표시됩니다. 아래 사진에 보이는 캐릭터 얼굴들은 모두 간단한 텍스트를 입력받아 AI가 몇 초 만에 그려낸 것입니다.

---

1   디스코드(https://discord.com) : 실시간 소통 분야에서 가장 유명한 SNS.

미드저니 디스코드 훑어보기

웹페이지 좌측의 채널 목록을 보면 "newbies"와 함께 숫자가 기재된 채널이 표시됩니다. 이 채널에 접속해서 채팅을 남기면, 그 채팅 정보를 받아와 미드저니가 그림을 그려줍니다. 채널에 한 번 접속해 보겠습니다.

채널을 사용 중인 다른 사람들이 그림을 그리는 과정을 실시간으로 살펴볼 수 있습니다. 아래 그림의 경우 "elon musk in classroom" 이라는 키워드로 그려진 그림입니다. 다른 사람들이 입력한 키워드와 결과물 그림 사이의 관계를 유심히 살펴보면서 입력과 출력 사이의 규칙을 엿보기 바랍니다.

자, 그러면 본격적으로 그림을 생성해 보겠습니다.

프롬프트 작성

우리도 키워드를 한 번 입력해봅시다. 채팅창에 "/imagine"이라는 키워드를 입력하고 (Enter)키를 누릅니다.

그러면 위 사진과 같이 프롬프트 입력 창이 활성화됩니다. 프롬프트는 AI에 작업 수행을 지시하기 위하여 전달하는 일종의 명령문을 의미합니다. 미드저니는 우리가 입력해준 텍스트를 기반으로 그림을 창조해냅니다.

챗GPT도 텍스트를 입력받아 작업을 수행합니다. 그 외 다른 GPT AI들도 마찬가지일 것입니다. 텍스트를 입력받는 모든 종류의 AI가 만들어내는 결과물은 사용자가 입력한 프롬프트의 수준, 즉 프롬프트 엔지니어링에 따라 결정됩니다.

우리는 저 까만색 프롬프트 창에 텍스트를 전달하여 AI에 명령을 내릴 것입니다. 한번 떠오르는 대로 명령어를 입력하기 바랍니다.

아래 사진은 프롬프트 입력 후 채널에 표시되는 메시지입니다. 붉은색 오픈카를 타는 시바견을 그려달라는 요청을 했으며, 추가로 그림의 분위기를 특정하기 위한 키워드를 입력했습니다. 일종의 간단한 프롬프트 엔지니어링 삼아 그림의 세부 구성인 시바견과 로드스터[2] 외에 맑은 하늘, 3D 그래픽 느낌, 고화질(4K) 이미지, 사실적인 묘사를 요청한 것입니다.

---

2   로드스터(Roadster) : 뒷좌석이 없는 오픈카. 오픈카라고 입력할 때보다 차종을 특정하면 더욱 명확한 그림이 그려져서 로드스터라는 키워드로 입력하였음.

Chapter 03 GPT로 다른 AI의 잠재력을 끌어내기   53

그림 수정부터 컨펌까지

미드저니는 20초 정도가 지나면 다음 페이지 상단에 있는 4장의 그림을 그려줍니다. 이 중에서 가장 마음에 드는 그림을 하나 고르고, 하단의 버튼을 누르면 됩니다. U1은 첫 번째 그림을 업스케일 Upscale하여 고화질 이미지로 변환해 달라는 요청이며, V4는 네 번째 그림을 참고해 비슷한 느낌으로 그림을 새로 그려달라variation는 요청 입니다. 마음에 드는 그림이 없다면 새로고침 버튼을 누르면 됩니다.

V 버튼을 여러 번 눌러 가며 AI가 만든 그림 스타일 중 여러분의 취향에 맞는 그림을 조금씩 찾아 나가면 됩니다. V3를 눌러 세 번째

그림을 토대로 새로운 그림을 그려달라고 요청해 보겠습니다.

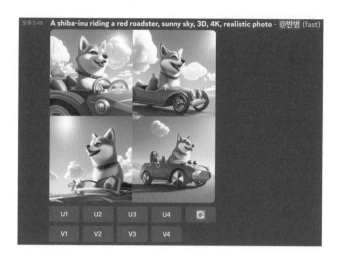

4장의 그림이 또다시 완성되었습니다. 이 중에서 유리창이나 백
미러가 이상하게 표현된 사진들을 제외하고, 3번째 사진을 선택하
여 U3을 눌러 보겠습니다.

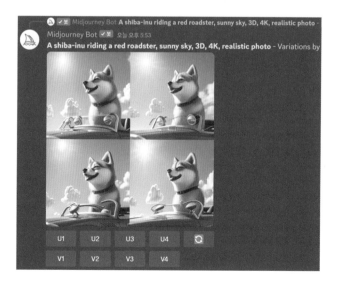

잠시 뒤 고화질 이미지가 완성되어 올라옵니다. 이 이미지를 클릭하면 원본 화질로 다운로드할 수 있습니다.

혹시 상업적 그림의 가치에 대하여 고민한 적 있나요? 그림 외주를 맡겨본 경험은요? 나에게 당장 필요한 그림을 그려야 할 때, 생각보다 큰 비용이 발생합니다. 수정을 한 번 할 때도 돈이 들고, 디테일을 높이려면 돈이 들어갑니다.

그런데 미드저니는 프롬프트만 잘 설계한다면, 이 모든 과정을 클릭 몇 번으로 생략해버립니다. 시간이나 돈도 거의 소모하지 않고서 저작권 없이 마음껏 활용 가능한 그림이 순식간에 만들어지죠. 또한 그림의 디테일적인 묘사도 훌륭합니다. 시바견의 털 질감이나, 자동차의 금속 부분의 반사광도 훌륭하게 구현되어 있습니다.

그래서 현재 디자인 전문 회사에서도 일단 AI를 활용해 그림을 대량으로 그려 보고, 그중 가장 느낌이 괜찮은 그림을 가져와 그것을 토대로 새롭게 디자인 작업을 진행한다고 합니다.

자, 미드저니의 사용 방법은 모두 살펴봤으니 이제 GPT와 연계하는 방법을 살펴보겠습니다.

05

챗GPT 프롬프트 엔지니어링

우리는 이제 미드저니에 입력할 프롬프트를 설계하는 작업을 챗 GPT에게 시켜 볼 것입니다. 그리고 챗GPT가 프롬프트를 잘 설계할 수 있도록 챗GPT를 길들이는 과정도 살펴볼 것입니다. 즉, 프롬프트 엔지니어링을 위한 프롬프트 엔지니어링을 해 볼 것입니다.

 당신이 이해한 미드저니 프롬프트 작성 규칙을 설명해 보세요.

미드저니 프롬프트 작성 규칙은 다음과 같습니다:

1. 명확한 주제 선정: 먼저, 명확하고 구체적인 주제를 선정해야 합니다. 이 주제는 자세히 분석하고 탐구할 가치가 있는 것이어야 합니다.

---

2. 질문 또는 지시사항 작성: 주제를 정했다면, 그 주제를 둘러싼 질문이나 지시사항을 작성합니다. 이는 논문의 구조와 방향성을 제시합니다.

3. 적절한 길이 유지: 미드저니 프롬프트는 일반적으로 500~800단어 정도의 분량이며, 이는 대략 2~3페이지 분량이 됩니다. 이 범위 내에서 주제와 지시사항에 충실하면서 간결하게 작성하는 것이 중요합니다.

4. 학술적인 글쓰기: 미드저니 프롬프트는 학술적인 글쓰기를 따라야 합니다. 따라서 목적에 맞는 적절한 어휘와 문법, 철저한 인용 및 참고문헌 관리가 필요합니다.

5. 분석과 사실에 기반한 논의: 미드저니 프롬프트는 분석과 사실에 기반한 논의를 요구합니다. 이를 위해 관련 연구와 자료를 수집하고, 이를 분석하며, 이를 바탕으로 명확하고 논리적인 주장을 전개해야 합니다.

6. 시간 관리: 미드저니 프롬프트는 제한된 시간 내에 작성해야 합니다. 따라서 적절한 시간 관리와 계획이 필요합니다.

7. 수정과 검토: 마지막으로, 미드저니 프롬프트는 꼼꼼한 수정과 검토가 필요합니다. 오타나 문법 오류를 찾아 수정하고, 논문 전체의 흐름이 자연스럽고 일관성 있는지를 확인하는 것이 중요합니다.

프롬프트 엔지니어링을 진행하지 않은 상태에서는 챗GPT는 미드저니의 사용방법에 대해 전혀 이해하지 못하는 모습을 보입니다. 처음 듣는 용어가 입력되었는데, 그것의 작성 방법을 설명하라고 하니 일단 논문이나 보고서 등 일반적인 문서의 작성 방법을 소개하고 있는 모습입니다.

지금부터 챗GPT를 훈련시켜 미드저니 숙련자로 성장시키는 프롬프트 엔지니어링 과정을 맛보여드리겠습니다.

미드저니는 너무나도 유명하고 활용도가 높기 때문에, 미드저니의 프롬프트 설계 레시피는 이미 돈을 받고 거래되는 비법의 영역으로 자리 잡고 있습니다. 그런 유료 레시피까지 살펴볼 수 있으면 좋겠지만, 프롬프트 엔지니어링을 체험만 해 보는 단계에서 큰돈을 결제하는 것은 부담스러우므로 무료로 접근할 수 있는 리소스만 살펴보겠습니다.

먼저 미드저니의 디스코드 채널에서 〈prompt-faqs〉를 선택합니다.

아래 사진과 같이 미드저니의 프롬프트 엔지니어링을 위한 다양한 정보가 제공되고 있습니다. 이 정보들을 챗GPT에게 먼저 하나씩 학습시키고, 챗GPT에 그림 그리기를 위한 프롬프트 작성을 요청하겠습니다.

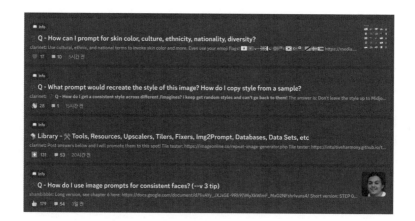

지금부터 보여드리는 내용은 실제로 챗GPT에게 전달한 프롬프트 엔지니어링 과정의 일부입니다. 자세한 과정은 부록 221페이지를 참고하세요.

👤 지금부터 Midjourney라는 AI 서비스의 prompt 작성 규칙에 대하여 설명하겠습니다.

👤 1. 프롬프트는 항상 /imagine 명령어로 시작합니다.

👤 2. /imagine 명령어 이후 프롬프트의 본문을 입력합니다.

(10여 건의 대화 추가 진행)

👤 이제 당신이 이해한 미드저니 프롬프트 작성 규칙을 설명해 보세요.

 미드저니 프롬프트 작성 규칙에는 다음과 같은 내용이 있습니다:

1. 프롬프트는 항상 /imagine 명령어로 시작합니다.
2. /imagine 명령어 이후 프롬프트의 본문을 입력합니다. 더 자세한 프롬프트를 작성하면 미드저니는 더욱 유니크한 결과를 제공합니다.
3. 단어 선택과 문법에 신경을 써야 합니다. 미드저니는 문법이나 대소문자를 고려하지 않으며, 더 구체적인 동의어를 사용하면 더 좋은 결과를 얻을 수 있습니다.
4. 원하는 대상을 명확하게 지정하세요. 미드저니는 '원하지 않는 것'을 기술하는 것보다 '원하는 것'을 기술하는 것이 더 좋은 결과를 제공합니다.
5. 세부 사항에 대해 고민해보세요. 당신이 원하는 대상, 매체, 환경, 조명, 색상, 분위기 및 구도에 대해 명확하게 기술하면 미드저니는 더 좋은 결과를 제공할 수 있습니다.
6. 복수의 대상을 원하는 경우, 개별적인 사람이나 대상을 기술하기보

다 상호작용하는 사람들의 유형과 상황에 대해 기술하세요.

7. 단어 선택과 문법에 대한 주의사항 외에도, 작성한 프롬프트의 길이는 적절해야 합니다. 지나치게 긴 프롬프트는 결과를 불확실하게 만들 수 있습니다.

8. 마지막으로 복수의 단어를 사용할 때는 '수'를 명확히하고 명사를 구체화하는 것이 좋습니다. 수량을 구체화하는 것으로, "고양이" 대신 "3마리의 고양이"를 사용할 수 있으며, 복수형 단어 대신 집합명사를 사용하여 불확실성을 줄일 수 있습니다.

이러한 규칙을 준수하면 미드저니에서 더 좋은 결과를 얻을 수 있습니다.

챗GPT의 프롬프트 엔지니어링이 성공했습니다. 미드저니 사용법에 대해 전혀 모르던 챗GPT가, 이제는 사용법을 요약해서 설명해 줄 수 있을 정도로 사용법을 숙지하게 되었습니다.

자, 이렇게 훈련된 챗GPT를 활용해 스포츠카를 타는 시바견 그림을 다시 그려 보겠습니다.

06

미드저니 프롬프트 엔지니어링

당신이 이해한 미드저니 프롬프트 작성 규칙을 토대로, "/imagine"으로 시작하는 프롬프트를 작성해 주세요. 붉은 로드스터와 시바견을 주제로 하는 그림을 표현하고 싶습니다. 총 4개의 각기 다른 창의적인 그림을 표현할 수 있는 프롬프트 문구를 작성해주세요.

 여러 방법으로 "/imagine"으로 시작하는 프롬프트 문구를 작성할 수 있습니다. 여기에는 붉은 로드스터와 시바견을 중심으로 다양한 주제와 시나리오를 활용한 4가지 예시가 있습니다:

"/imagine driving down the coast in a red roadster with a shiba inu by your side."

"/imagine taking a cross-country road trip with your shiba inu in a sleek red roadster."

"/imagine cruising down the city streets in a flashy red roadster with your shiba inu in the passenger seat."

"/imagine embarking on a wild rally race through rugged terrain in a speedy red roadster with your trusty shiba inu co-piloting by your side."

챗GPT가 작성해준 프롬프트를 토대로 미드저니가 그려낸 그림 4세트를 소개합니다.

어떤가요?

미드저니와 같이 프롬프트를 통해 수동적으로 명령을 입력받아 작업을 처리하는 AI를 다룰 때, GPT 기반 AI를 활용하면 보다시피 창의성과 영감을 수혈받을 수 있습니다. 프롬프트 엔지니어링 과정도 별도의 전공지식이 필요하지 않고, 정보를 순서대로 제공하기만 하면 됩니다.

이 챕터에서는 단순히 예쁜 그림을 그려내는 과정을 소개하는 것이 아니라, GPT 기반 AI를 수족으로 부리며 다른 AI를 지배하는 과정을 살짝 맛보여드린 데에 의의가 있습니다. 추후 미드저니 이외의 다른 AI 서비스를 접하게 되더라도 비슷한 시도를 해 보는 것을 추천합니다.

AI 시대에 AI를 활용하여 AI의 머리 꼭대기에 올라서는 과정, 이것이 바로 프롬프트 엔지니어링의 진정한 가치입니다.

OpenAI

ChatGPT

Loading...

Chapter 04

GPT 노마드 (1) - AI 블로거

GPT가 없던 시절의 블로그 수익 자동화

챗GPT가 없던 시절의 블로그 수익 자동화는 일종의 스크랩 전쟁이었습니다. 그 와중에도 가장 악질적인 콘텐츠 사례는 아래와 같습니다.

> 스타크래프트 립버전 1.16.1다운 스타크래프트 립버전 1.16.1다운 있을 것 같았다. 그건 실로 벅찬 감격이었다. 고마워요, 본드. 덕분에 마음이 아주 편해졌어요. 고마워할 필요는 없어. 킴은 미소지으며 손을 내밀었다. 니콜라는 기쁜 얼굴로 악수를⋯.

윗글은 실제로 인터넷에서 수집해 온 블로그 게시물의 일부입니다. 검색량이 많을 것으로 추측되는 키워드들을 잘라서 가져오고,

다른 곳에서 긁어 온 다른 글과 섞어 한 편의 블로그 글을 만들어낸 것입니다. 일종의 사기라고 볼 수 있죠.

물론 최소한 게시물을 클릭한 사용자에게 피해를 주지는 않는 방향으로 자동화를 달성해야 한다고 생각하는 사람들도 있었습니다. 저자도 비슷한 방식으로 수익형 블로그를 자동화해 본 적이 있습니다.

자동화 과정은 아래 QR코드를 통해 동영상으로 살펴볼 수 있습니다. 컴퓨터가 자동으로 블로그 글도 게시하고, 애드센스와 애드핏 광고까지 삽입해 줍니다.

코딩을 이용한 수익형 블로그 자동 운영 영상

당시 저자의 전략은 최신 뉴스 기사들을 스크랩하고, 이 뉴스들을 주제별로 정돈하여 블로그 글을 게시하는 것입니다. 독자 입장에서는 최신 소식을 주제별로 모아서 볼 수 있으니 좋고, 언론사 입장에서는 기사를 클릭하는 사람들이 늘어나니 좋습니다.

최근 1일 수익

1.35 USD

▲ 1.26

애드센스 수익 현황

하지만 하루 수입은 그리 많지 않았습니다. 애드센스를 통해 하루에 1,750원가량, 그리고 애드핏을 통해 하루에 400원가량의 수입이 발생하고 있습니다. 뉴스 기사의 스크랩을 보기 위하여 블로그까지 방문하는 사람들이 많지 않기 때문입니다. 같은 키워드를 네이버나 구글에 입력하면 최신 뉴스 기사들이 직접 표시되고 있으므로 블로그가 경쟁력이 부족한 것입니다.

그러므로 다른 사람을 속이지 않는 선에서 블로그를 통해 자동화된 수익을 확보하는 것은 쉽지 않은 일이었습니다. 챗GPT가 등장하기 전까지는 말이지요.

챗GPT는 유용한 글도 금방 작성할 수 있습니다. 하루에 티스토리 블로그를 통해 발간할 수 있는 글의 개수는 20개로 제한되어 있습니다만, 챗GPT가 글을 10초에 한 개씩만 뽑아줘도 하루 30분 정도만 투자하면 블로그의 최대 발행량을 달성할 수 있습니다.

무엇보다, 사람들이 검색하고 클릭해 볼 만한 주제로 글을 작성할 수 있다는 것이 가장 큰 장점입니다.

챗GPT로 글을 작성하는 방법을 설명하는 데에는 굳이 지면을 많이 할애하지 않겠습니다. 주제와 관련된 정보를 제공한 뒤 글을 써 달라고 하면 끝나니까요. 최근 검색량이 증가하는 키워드를 찾아내는 방법과 수익형 블로그 세팅방법, 그리고 블로그 광고로 발생한 수입이 근로소득과 공존이 가능한 수입인지에 대해 가볍게 논해보겠습니다.

02

어떤 키워드가 검색에 걸릴까?

네이버 실시간 검색어가 삭제되는 바람에 최근 네티즌들의 관심 사를 빠르게 캐치하는 것이 어려워졌습니다. 하지만 네이버가 제공 하는 서비스를 활용하면 간접적으로 이를 확인해 볼 수 있습니다.

네이버 데이터랩https://datalab.naver.com을 통해 여러 가지 최신 트렌드 들을 열람해 볼 수 있습니다. 다행히 네이버 쇼핑 분야의 인기 키워 드 정보는 확인이 가능합니다. 쇼핑을 위한 정보를 검색하는 사람들 을 타겟으로 한다면, [쇼핑인사이트] 메뉴를 참고하면 되겠습니다.

네이버 데이터랩

검색어 트렌드 메뉴를 활용하여 어떤 키워드가 얼마나 많이 검색되고 있는지를 확인하는 것도 가능합니다만, 실시간 인기 순위가 목록으로 표시되는 것은 아닙니다.

사전에 사용자가 입력한 키워드의 검색량만 제공해 주기 때문에 현재 가장 인기 있는 주제를 선정하는 용도로는 적합하지 않습니다. 블로그 글의 주제를 10개 이하로 확정한 다음, 그중 가장 클릭이 많

이 들어올 만한 키워드를 확인하는 용도로 사용하는 것이 적절해 보입니다.

주제어1	주제어 1 입력	⊗	주제어 1에 해당하는 모든 검색어를 컴마(,)로 구분하여 최대 20개까지 입력	⊗
주제어2	주제어 2 입력	⊗	주제어 2에 해당하는 모든 검색어를 컴마(,)로 구분하여 최대 20개까지 입력	⊗
주제어3	주제어 3 입력	⊗	주제어 3에 해당하는 모든 검색어를 컴마(,)로 구분하여 최대 20개까지 입력	⊗
주제어4	주제어 4 입력	⊗	주제어 4에 해당하는 모든 검색어를 컴마(,)로 구분하여 최대 20개까지 입력	⊗
주제어5	주제어 5 입력	⊗	주제어 5에 해당하는 모든 검색어를 컴마(,)로 구분하여 최대 20개까지 입력	⊗

만약 정치적인 목적으로 특정 선거구의 사람들이 많이 보면 좋을 게시물을 작성해야 하거나, 특정 지역의 주민들에게 상품을 홍보하는 게시물을 작성하고 싶다면 지역별 통계 메뉴를 활용하여 각 지역이 어느 주제에 관심을 두는지 확인하는 것도 좋은 방법입니다.

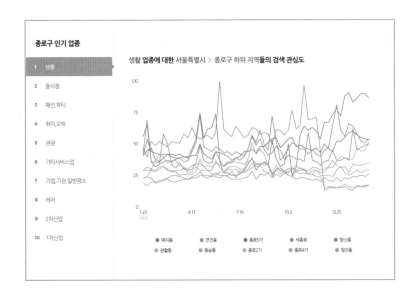

네이버의 공식 검색어 순위는 아니지만, 정보 제공에 동의한 사용자들의 검색어를 수집하여 순위를 보여주는 시그널https://signal.bz 등의 서비스도 있으므로 관련 서비스를 잘 찾아보면 유용할 수 있습니다.

시그널 실시간 검색어 현재 기준 사용자가 가장 많이 검색 하는 키워드입니다.
2023년 2월 26일 일요일 오후 3:34   가이드

1 황영웅	-	6 홍상수 영화제 연속	▼
2 울산땅 의혹 수사의뢰	-	7 위스키	▼
3 정순신 낙마	-	8 방탄소년단 제이홉 취소	-
4 나폴리	-	9 로또1056	-
5 유아인	▲	10 송중기	-

시그널 홈페이지

만약 저자가 2023년 2월 26일 오후 4시에 블로그 글을 발행하는 것을 목표로 한다면, 먼저 "방탄소년단 제이홉" 관련 키워드를 골라볼 것 같습니다. 실시간 검색어에서 언급된 사람 중 방탄소년단이 가장 인지도가 높으며, 위스키 같은 키워드는 이미 오래전부터 관련 게시물들이 올라오고 있어 신규 발행된 글이 검색 결과에서 노출될 가능성이 작을 테니까요.

여기까지가 클릭될 가능성이 큰 주제를 정해 보는 가장 간략한 방법 중 하나였습니다.

더 많은 노력을 기울일 여유가 된다면 유튜브 인기 급상승 동영상이나, 인터넷 방송 플랫폼의 대형 방송인과 관련된 소식을 수집해 보는 것도 도움이 될 수 있겠습니다.

저작권 없는 사진 자료를 확보하자

광고를 부착하여 수익을 창출하면서도 방송의 화면을 그대로 잘라 사용하거나, 타인의 초상권이나 그림을 무단으로 복제하는 경우도 많습니다. 엄밀히 따지면 이런 행동은 불법입니다. 그러지 말고 저작권이 없어 마음대로 사용할 수 있는 스톡 이미지를 활용합시다.

픽사베이https://pixabay.com를 사용하면 2백만 개 이상의 이미지를 무료로 사용할 수 있습니다. 고양이와 관련된 글을 작성한다면 고양이 사진을, 술과 관련된 게시물을 작성한다면 술 관련 사진을 수집해서 블로그 게시물 중간에 삽입하는 것을 추천합니다.

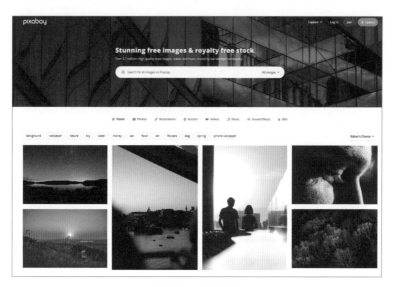

픽사베이 홈페이지

　블로그 본문에 사진이 첨부될 경우, 검색 결과에서 사진이 함께 노출되는 경우가 많습니다. 사진이 포함된 게시물은 이미지 검색 결과에서도 노출되며, 썸네일이 없는 게시물에 비해 조회수도 높게 나옵니다.

　픽사베이에서는 저작권 없는 비디오도 제공하는데, 다음 챕터에서 유튜브 영상을 만드는 과정을 소개하며 함께 보여드리겠습니다.

광고 플랫폼 선택

직접 기업들과 연락하며 광고를 따 오는 것은 어려운 일이므로, 광고 대행 서비스를 활용하는 것이 바람직합니다.

카카오 애드핏

카카오 애드핏https://adfit.kakao.com은 비교적 낮은 진입장벽으로 접근 가능한 광고 플랫폼입니다. 카카오 계정이 있으면 가입할 수 있으며, 카카오에서 운영하는 서비스인 티스토리와 연동하는 것이 무척이나 쉬워 추천합니다. 회원가입 후 수익 정산을 위한 본인인증만 마무리하면 준비가 끝납니다.

애드핏으로 정산된 수익은 원천징수된 기타소득의 형태로 계좌에 입금됩니다.

애드핏 홈페이지

구글 애드센스

애드센스https://www.google.com/adsense는 구글이 운영하는 광고 플랫폼입니다. 기업들은 구글 애드 서비스를 활용하여 광고를 등록하는데, 그 광고 중 일부가 여러분의 블로그를 통해 노출됩니다. 사용자가 광고를 한 번 클릭할 때마다 여러분의 계정에 수익이 적립됩니다.

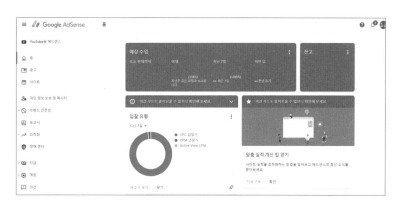

애드센스 홈페이지

애드센스는 초기에 블로그에 즉시 연동하는 것이 불가능합니다. 게시물의 개수가 일정 수준 이상이어야 하며, 조회수도 일정 수준 이상이 나와야 광고 개제가 허용됩니다. 블로거들 사이에서는 애드센스 승인이 어렵다는 뜻에서 '애드고시'라고 부르기도 합니다.

수익은 달러로 정산되며, 원천징수[1]가 되지 않은 채로 정산되기 때문에 수익자가 세금을 신고해야 합니다. 애드센스 수입은 사업자 등록 없이 수령 가능하지만 사업소득으로 분류되며, 다음 연도의 5월 종합소득세 신고 시 세금을 정산하고 납부하게 되어 있습니다.

애드센스의 연동을 위한 기능이 티스토리에서 제공되고 있으므로, 우선 애드핏을 연동하며 조회수를 천천히 확보해나가다가 애드센스가 승인되는 시점부터 추가적인 광고 수단을 연동하는 것을 고민해 보기 바랍니다.

---

1 원천징수 : 돈을 받기 전에 세금을 미리 떼는 것

수익형 블로그 세팅

여러 블로그 중에서 여러분이 가장 편하게 사용할 수 있는 블로그 플랫폼을 선택합니다. 이 책에서는 티스토리Tistory, https://tistory.com를 사용하여 블로그를 세팅하겠습니다.

티스토리 홈페이지

메인 화면의 문구에서도 드러나듯, 티스토리는 수익형 블로그에 초점을 두고 만들어진 플랫폼입니다. 따라서 다양한 광고 연동도 쉬우며, 페이지 관리 화면에서 수익도 실시간으로 보여주므로 수익형 블로그 입문 용도로 활용하기 좋습니다.

블로그 개설 방법은 티스토리의 설명문만 따라 하면 완료할 수 있을 정도로 쉽기에 따로 지면을 할애하여 설명하지 않겠습니다.

플러그인 연동

블로그 관리 화면에서 [플러그인] 메뉴를 클릭하여 여러 가지 유용한 기능들을 블로그에 추가로 설치합니다. SNS 공유라든가 스팸 댓글 방지 등의 항목 중 여러분의 취향에 맞게 플러그인을 추가해 주세요.

구글 플러그인 연동

아래의 구글 관련 플러그인 두 개는 반드시 연동하는 것을 추천합니다. 서치콘솔 플러그인은 사이트의 SEO를 수월하게 만들어주고, 애널리틱스는 사람들이 어떤 키워드나 주제에 관심을 갖고 여러분의 웹페이지에 방문했는지를 쉽게 분석할 수 있도록 도와줍니다.

SEO$^{Search\ Engine\ Optimization,\ 검색\ 엔진\ 최적화}$는 웹페이지가 검색 엔진의 검색 결과에서 더욱 잘 노출될 수 있도록 설정을 최적화하는 작업을 의미합니다. 대기업이 운영하는 블로그 서비스의 경우 SEO가 비교적 잘 되어 있는 편이지만, 추가로 구글에 블로그를 등록하는 것을 추천합니다. 검색결과 향상뿐 아니라 구글의 다른 서비스 연동도 함께 진행할 수 있기 때문입니다.

광고 연동

관리자 패널 좌측의 [수익] 탭에서 애드핏과 애드센스를 연동합니다. 클릭 몇 번과 로그인 한 번이면 여러분의 블로그에 자동으로 광고가 붙습니다.

아래 그림처럼 블로그의 각 위치에 광고가 자동으로 삽입됩니다. 특히 애드센스의 경우, 간혹 게시물을 클릭하면 전체 화면으로 광고 창이 따로 표시되기도 하는 등 굉장히 적극적으로 광고 클릭을 유도합니다. 이후 별다른 설정 없이도 블로그 조회수가 발생하면 그에 비례하여 광고 수입[2]이 발생합니다.

---

2 광고 노출 시 극소량의 수입이 발생하며, 독자가 광고를 클릭할 때 100원 이상의 수익이 발생함

관리자 페이지에서 광고 계정을 연동해 두면, 블로그 글을 작성하는 화면에서도 광고를 추가로 넣을 수 있는 메뉴가 활성화됩니다.

사업자등록이 필요하지 않습니다

애드핏 광고는 원천징수된 기타소득 형태로 지급되며, 애드센스 광고는 원천징수 되지 않은 사업소득의 형태로 지급됩니다. 하지만 별다른 사업자등록이 필요하지는 않으며, 5월에 종합소득 신고를 통해 처리하게 됩니다.

광고수입이 너무 많아져 경비처리를 통해 소득을 낮춰야 하는 것이 아니라면 사업자등록을 하지 않아도 됩니다. 단, 블로그 수익이 어느 정도 높아져 급여와 블로그 수익을 더한 종합소득금액이 과세 표준[3]을 초과해 누진세를 납부하게 된다면 사업자등록을 통해 비용

---

3   연소득 1,200만 원, 4600만 원, 8,800만 원, 1억 5천만 원, 3억 원, 5억 원마다 세율이 달라 진다.

을 증빙하고 소득금액을 낮추는 방법을 고려해 볼 수 있겠습니다. 더 자세한 설명은 [부록1]을 참고하기 바랍니다.

다만 사회 통념상 블로그를 운영하여 발생하는 수입 창출에 경비가 필요하다고 주장하여 인정받기는 쉽지 않을 것입니다. 정말로 블로그 글 작성을 위해 돈을 써야 하는 상황이 증명되어야 합니다.

예외가 있다면 여행 블로그 정도가 있겠네요. 여행 블로거가 블로그 글을 작성하여 수입을 내기 위한 목적으로 영업용 자동차를 구매하고, 교통비와 차량 유지비, 보험료, 기름값 등을 경비로 처리한다면 합리적인 비용 지출로 인정받을 수 있을지도 모릅니다. 요리 블로거가 글 작성을 위해 구매하는 식재료와 스튜디오 대여료, 카메라 구매 대금 등도 비용으로 인정될 수 있을 것 같고요. 세금을 걱정해야 할 만큼 수입이 발생한다면 복식부기 대상자가 되어 세무사를 선임해야 하므로, 지금부터 고민하기보다는 수익이 커진 시점에 세무사의 조언을 따르는 것을 추천합니다.

공무원이 아니라면, 대부분 직장인은 사업자등록이 필요하지 않은 수준의 부수입이 발생하는 단계에서는 문제가 되지 않습니다. 회사에서 블로그 수익 발생 사실을 아는 것도 힘들고요.

단, 소득 규모가 너무 거대해져 건강보험료가 오르는 등의 예외적 사유가 발생하면 회사가 부수입의 존재를 알 수 있습니다.[4]

---

4 단, 배당소득이나 임대수익도 종합소득으로 잡히므로 그냥 투자를 잘했을 뿐이라고 직원이 우기기 시작하면 회사 입장에서는 할 말이 없어집니다.

첫 글을 어떻게 써야 할까요?
- 멍멍이 아저씨

챗GPT로 블로그 글을 작성하는 부분에 대한 설명을 거의 생략하고 넘어갔습니다. 어려운 작업이 아닐뿐더러, 여러분의 취향에 따라 질문하는 방법이 달라질 수도 있을 것 같기 때문입니다. 이 페이지에서는 첫발을 어떻게 디뎌야 할지 감이 잘 오지 않는 분들을 위한 간단한 안내를 제공하려 합니다.

먼저 주제를 정해야 하는데, 블로그를 통한 수익 창출의 경우 재미나 흥미 위주의 글보다는 정보전달을 위한 글이 조금 더 수익이 잘 나오는 편입니다. 왜냐하면 사람들은 정말 재미있는 글을 읽고 싶다면 소설 연재 플랫폼에 접속하거나, 유머 커뮤니티에 접속하는 경우가 더 많기 때문입니다.

검색에서 얻어걸릴 수 있을 만한 토픽을 주제로 정보전달을 위한 글을 작성하는 것이 유용합니다. 검색어 트렌드를 분석하고 주제를 정하면 좋겠지만, 만약 그 과정이 너무 어렵고 번거롭다고 느껴진다면 여러분 본인의 최근 검색 기록을 토대로 주제를 선정해 보세요.

예를 들어 저자의 최근 유튜브 검색 기록 3개를 있는 그대로 나열하면 다음과 같습니다.

❶ 도어락 소리에 짖는 강아지
❷ netflix trailer
❸ 박효신 발성 변화

이 중에서 정보전달력을 갖춘 검색 기록은 ❶과 ❸입니다. 하지만 박효신의 발성 변화를 텍스트로 설명하는 것은 무척이나 어렵기도 하고, 챗GPT가 박효신의 발성에 대해 잘 모를 수도 있으므로 '도어락 소리에 짖는 강아지'가 블로그 작성을 위해 가장 적합한 소재인 것 같습니다.

순서대로 챗GPT에 다음과 같은 주제로 글을 써 달라고 할 것입니다.

① 강아지가 도어락 소리에 짖는 이유
② 도어락 소리에 짖는 강아지를 교육하는 방법
③ 강아지가 도어락 소리에 짖는 이유와 해결 방법

③의 경우 ①과 ② 주제를 합쳐 놓은 것으로, 강아지가 도어락 소

리만 나면 짖어 고민인 견주들이 한 번의 검색 과정에서 여러 번 중복 클릭을 할 것을 염두해 두고 만든 주제입니다. 이후에는 블로그 글을 그대로 영어로 번역해 올려 두고, 해외 트래픽의 유입도 노려볼 수 있겠죠.

①을 주제로 블로그 글을 작성하는 사례를 하나만 보여드리겠습니다.

 강아지가 도어락 소리에 짖는 이유가 뭔지 쉽게 설명해줄래? 쾌활한 말투로

안녕! 강아지가 도어락 소리에 짖는 이유는 여러 가지가 있지만, 가장 일반적인 이유는 "경계심" 때문이야.

강아지는 자신이 사는 집이나 주변 환경을 자신의 영역으로 여기고, 이를 지키기 위해 경계심을 가지고 있어. 그래서 이런 소리가 들리면, 강아지는 누군가가 자신의 영역에 들어온 것으로 생각하고 경계심이 높아져 짖는 거야.

또 다른 이유로는 '불안' 때문이야. 강아지가 처음 듣는 소리거나, 불평등한 상황에서 소리가 들리면 불안감을 느낄 수 있어. 이때 강아지는 짖음으로 자신의 불안감을 표현하고 안전한 느낌을 찾으려 해.

그리고 마지막으로는 '호기심' 때문이야. 강아지는 호기심이 많은 동물이기 때문에, 새로운 소리가 들리면 궁금해. 이런 경우에는 짖지 않고 귀를 쫑긋하고 주위를 둘러보는 경우가 많아.

그러니까 강아지가 도어락 소리에 짖는 이유는 경계심, 불안, 호기심 등 여러 가지가 있지만, 대부분은 자신의 영역을 지키기 위한 자연스러운 반응이야.

챗GPT에 "쾌활한 말투"라는 요구조건을 추가로 제시했습니다. 그 결과 챗GPT는 반말로 설명을 진행했고요. 이 글을 올리면서 블로그 이름을 '멍멍이 아저씨' 같은 친숙한 느낌으로 정한다면 애견인을 위한 블로그를 운영할 수 있을 것 같습니다.

티스토리의 경우 1개의 계정으로 5개의 블로그를 운영하는 것을 허용하고 있으므로, 그 슬롯 중 하나를 할애하여 애완동물 관련 블로그를 운영할 수 있을 것입니다.

아래 URL로 접속하면 챗GPT가 써 준 글에 저작권 없는 사진을 삽입하여 작성한 게시물을 확인할 수 있습니다. 게시물 작성에는 사진 업로드와 광고 수록을 포함하여 1분가량 소요되었습니다.

https://bhban.tistory.com/255

게시물 하나에 광고가 몇 개나 붙어 있는지도 함께 확인하면 좋겠습니다. 글의 분량에 비해 광고가 너무 많아서 읽는 사람 입장에서는 집중이 흩어질 수도 있겠지만, 그만큼 조회수 대비 클릭으로 이어질 확률이 높아지기 때문에 수익화에는 도움이 됩니다.

OpenAI

ChatGPT

Loading...

Chapter 05

GPT 노마드 (2) - AI 유튜버

양산형 유튜브 영상의 구조

영상 콘텐츠 제작에 최선의 노력을 기울이는 분들도 계시지만, 낮은 품질의 영상을 양산하여 살포하는 계정도 많습니다. 이들 계정의 공통점을 몇 가지 나열해 보겠습니다.

❶ 얼굴을 공개하지 않는다.

❷ 영상미가 단조롭다.

❸ 그냥 화면에 글자를 띄워만 둔다.

❹ TTS[1] 서비스로 만든 음성을 그대로 합성한다.

❺ 어디서 많이 들어본 배경음악을 활용한다.

---

1 텍스트를 입력하면 목소리를 합성해 주는 소프트웨어

이외에도 많은 공통점이 있지만, 우선 이 5가지만 놓고 살펴보겠습니다. 이번 챕터에서 유튜브에 올릴 수 있는 영상을 별다른 노력 없이 양산하는 방법을 알려드리겠지만, 최소한 이 5가지에 모두 해당하는 영상을 만들지는 않을 것입니다.

❶의 경우, 콘텐츠의 퀄리티에 자신이 없어서일 수도 있지만, 영상 제작에 들어가는 시간을 줄이기 위한 경우도 많습니다. 카메라로 얼굴을 찍으면서 영상을 만들려면 의상이나 헤어, 화장에 신경 써야 하고, 좋은 조명과 마이크를 구매해야 합니다.

이처럼 얼굴을 공개하는 영상은 영상 제작을 위해 필요로 하는 시간과 비용이 매우 높은 편입니다. 따라서 적은 노력으로 수익을 창출하기 원하는 분에게는 맞지 않는 방법입니다.

❷의 경우, 최소한의 성의가 없는 것입니다. 이건 자동화된 영상 제작을 하면서도 해결할 수 있습니다.

❸의 경우, 아예 글자를 없애고 가는 편이 영상의 퀄리티 측면에서 더 나을 수 있겠습니다. 글자나 자막이 없다면 영상 제작에 걸리는 시간도 3분 이내로 줄일 수 있습니다. 따라서 우리는 자막이 없는 영상을 만들 것입니다.

❹, ❺의 경우, 우리도 그대로 답습할 것입니다. 혹시 직접 더빙할 의향이 있다면 ❹는 직접 더빙으로 대체할 수 있습니다. 혹은 보다 자연스러운 유료 TTS 서비스를 구매하여 사용하는 것도 추천합니다. 유료 솔루션은 무료 솔루션과 달리 정말 자연스러운 내레이션을 만들어낼 수 있습니다.

지금부터 방법을 소개하겠습니다. 준비물은 유튜브 채널이 개설된 구글 계정과 영상 편집 SW입니다. 본문에서는 어도비 프리미어 프로를 활용하겠습니다. 무료 편집 SW를 사용해도 좋습니다. 특별한 동영상 편집 기능은 사용하지 않을 것이니까요.

유튜브 수익 창출의 구조 이해하기

흔히 유튜브 영상은 조회수 1당 현금 1원의 수익이 발생한다고 알려졌지만, 이는 사실이 아닙니다. 유튜브의 수익 구조는 블로그와 마찬가지로 광고 클릭 회수와 광고 노출 회수가 결정합니다.

여러분이 유튜브 영상을 시청하시다 보면 영상의 시작 부분이나, 영상 중간에 갑작스럽게 광고가 송출되지요? 경우에 따라 이 광고를 시청만 해도 구글과 유튜버가 수익을 얻게 되며, 여러분이 클릭까지 해 준다면 더욱 큰 수익을 얻게 됩니다.

길이가 긴 영상의 경우 영상 하나에 광고를 여러 개 붙여둘 수 있으므로 짧은 영상에 비해 조회수 1당 수익률이 몇 배가 될 수도 있습니다. 아울러 사람들이 앞부분만 보고 꺼버리는 영상보다 끝까지 가만히 켜두고 시청하는 영상이 수익이 더욱 잘 나옵니다. 여러 광고를 시청하기 때문입니다.

이것이 한때 어린이용 채널의 수익이 많이 나왔던 이유입니다. 아기들은 유튜브 영상을 스킵하거나, 재미없는 영상의 구독취소를 누르고 재미있는 영상을 직접 탐색하는 것이 불가능하니까요. 영상을 처음부터 끝까지 가만히 켜두기만 하고, 때때로 실수로 화면을 터치해 주며 광고를 눌러버려 수익이 많이 나온 것입니다.

반면 성인용 채널은 댄스 강좌나 요가 강좌처럼, 20~30분짜리 영상도 처음부터 끝까지 시청하는 경우가 아니라면 사람들이 초반 몇 분만 보고 이탈하는 경우가 많아 영상 분량 대비 수익률이 낮을 수도 있습니다.

따라서 유튜브를 활용하여 돈을 버는 방법을 요약하면 아래와 같습니다.

❶ 유튜브 수익은 광고를 통해 발생한다.
❷ 조회수가 높아질수록 많은 사람이 광고를 시청한다.
❸ 영상 길이가 길수록 영상에 광고를 많이 넣을 수 있다.
❹ 너무 길어봐야 영상을 끝까지 시청하는 사람은 많지 않다.

그런데 구글은 광고매체의 퀄리티를 어느 정도 엄격하게 관리하고 있습니다. 애드센스의 블로그 승인 과정이 까다로웠던 것과 같이, 유튜브를 통해 수익 창출을 할 수 있는 요건에 대해서도 일정 수준의 제약이 있습니다.

❶ 구독자가 1,000명 이상이 되어야 한다.

❷ 채널에 업로드한 영상이 총 4,000시간 이상 재생되어야 한다.

아래 사진은 저자의 여러 유튜브 계정 중 일부의 수익 창출 요건 페이지입니다. 현재 영상의 재생 시간이 20,385시간에 도달했으나 구독자가 1,000명이 되지 않아 수익 창출이 되지 않고 있는 상황입니다. 반대로 구독자 수는 많은데 재생 시간이 부족하게 될 수도 있고요.

따라서 양산형 영상을 올리면서도 구독자 수와 재생 시간을 모두 확보하는 방향으로 유튜브 채널을 운영해야 수익 창출이 가능해집니다.

자, 지금부터 영상 제작 방법을 소개하겠습니다.

Stock Video 확보하기

우리는 직접 카메라로 영상을 찍거나, 애니메이션을 제작하는 대신 스톡 비디오를 활용할 것입니다. 스톡 비디오는 누구든지 자유롭게 활용할 수 있도록, 저작권 없이 공개된 비디오를 의미합니다.

먼저 픽사베이^{https://pixabay.com}에 접속하여 [비디오] 탭으로 이동합니다. 아래 URL로 이동해도 됩니다.

https://pixabay.com/ko/videos/

픽사베이 비디오

그리고 온갖 종류의 키워드로 검색하면서 스톡 비디오를 최대한 많이 다운로드합니다. 저작권이 없어 자유롭게 사용할 수 있는 비디오들이니, 부담 없이 다운로드하세요.

픽사베이 비디오 검색 결과

픽사베이에서 다운로드한 영상

그리고 영상의 제목을 수정하여, 제목만 보고 동영상의 내용을 한 눈에 이해할 수 있도록 정리하여 둡니다. 그때그때 GPT로 작성한 콘텐츠에 어울리는 영상을 쌓아 올려서 조립할 것입니다.

저자는 현재 120개 정도의 스톡 비디오를 모아 두고 활용하고 있습니다.

04

BGM 확보하기

영상의 완성도를 높이기 위해 배경음악을 깔아줄 것입니다. 아래 사진처럼 대량의 배경음악을 분위기별로 수집하여 쌓아 둡시다. 유튜브에서 제공해 주는 무료 배경음악을 활용하겠습니다.

유튜브 계정으로 로그인한 뒤, 프로필 사진을 클릭하여 메뉴를 띄우고 [YouTube 스튜디오] 메뉴로 접속합니다.

화면의 좌측 하단에서 [오디오 보관함]이라는 메뉴를 클릭합니다.

첫 접속 시 저작권에 대한 안내문구가 팝업됩니다. 여기에서 제공
되는 모든 음악은 저작권 걱정 없이 모든 동영상에 자유롭게 사용할
수 있습니다.

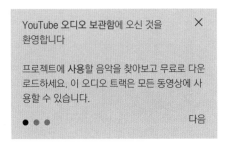

셀 수 없이 많은 음악과 음향 효과가 제공됩니다. 이 중에서 여러
분의 채널 방향과 어울리는 음악을 다운로드합니다.

오디오 보관함

음악 음향 효과 별표표시

≡ 보관함 검색 또는 필터링

		트랙 제목	장르	분위기	아티스트	길이	라이선스 유형	추가된 날짜 ↓
▶	☆	Ice & Fire	R&B/소울	펑키	King Canyon	4:04	▶	2022년 12월
▶	☆	Emotional Mess	R&B/소울	펑키	Amy Lynn & ...	4:04	▶	2022년 12월
▶	☆	God Rest Ye Merry Gentlmen	영화음악	행복	DJ Williams	3:52	▶	2022년 12월
▶	☆	Oh Christmas Tree	영화음악	행복	DJ Williams	2:12	▶	2022년 12월
▶	☆	Auld Lang Syne	영화음악	행복	DJ Williams	2:43	▶	2022년 12월
▶	☆	Joy To The World	영화음악	행복	DJ Williams	2:08	▶	2022년 12월

[필터] 메뉴를 눌러 장르나 제목, 분위기 등을 기준으로 음악을 탐색해 볼 수 있습니다.

〈저작자 표시 필요〉로 분류된 음악도 무료로 사용할 수 있지만, 매번 작곡자가 누구인지 영상 설명란에 기재해야 합니다. 이 과정이 번거롭기 때문에 〈저작자 표시 필요 없음〉을 체크하고 음악을 찾는 것을 추천합니다.

마음에 드는 음악을 들어보면서 골랐다면, 〈추가된 날짜〉 위에 마우스 커서를 올립니다. 날짜 표시가 〈오프라인 저장〉이라는 문구로 변경되면서 다운로드 기능이 활성화됩니다.

유튜브에 대중가요 같이 저작권이 있는 음악을 업로드할 경우, 유튜브의 AI가 이를 자동으로 인식하면서 해당 영상으로 인해 발생하는 모든 수익을 압수해버립니다. 따라서 저작권이 있는 음악이 섞이지 않도록 주의하세요.

채널의 방향 설정하기

여기서부터는 여러분의 감각과 안목이 중요해집니다. 먼저 채널의 방향성을 정해야 합니다. 챗GPT와 함께라면 순식간에 유튜브 영상 한 편을 만들어낼 수 있지만, 다양한 주제를 가진 영상을 중구난방으로 만들어 한 개의 채널에 업로드하는 것은 좋지 않습니다.

유튜브의 영상 추천 알고리즘은 매우 정교합니다. 따라서 30대 여성 시청자가 주로 오후 3시에만 시청하는 영상을 많이 올리는 채널은 오후 3시 무렵 30대 여성 시청자들에게 추천될 가능성이 큽니다.

그런데 주제를 중구난방으로 만들어 영상을 업로드할 경우, 시청자층이 통일되지 않아 유튜브의 알고리즘을 타고 홍보될 기회를 놓칠 수 있습니다. 그리고 이왕이면 40~50대 남성을 주 타겟으로 잡는 것을 추천합니다. 이유는 크게 3가지입니다.

❶ 출산율 급락

❷ 구매력 있음

❸ 트렌드가 성립함

하나씩 살펴보겠습니다.

첫째, 우리나라의 출산율은 생각보다 오래전부터 꾸준히 감소해 왔습니다. 따라서 아무리 10대의 유튜브 활용 빈도가 높다고 해도, 절대적인 인구수에서 50대와 비교하는 것이 불가능합니다. 실제로 2020년 대한민국 정책브리핑에 따르면, 40~50대 인구가 10대 인구의 3배를 훌쩍 넘는다고 합니다. 따라서 가장 큰 시장을 노리기 위해 영상의 주 시청자를 40~50대로 잡는 것을 추천합니다.

둘째, 10대보다 40~50대가 구매력이 훨씬 뛰어납니다. 유튜브는 구매력이 높은 시청자들이 많이 시청하는 영상에 단가가 높은 광고를 실어 줍니다. 그 이유는 간식 광고의 시청자와 자동차 광고의 주 시청자 중 누가 더 큰 돈을 지불할 가능성이 클지 생각해 보면 쉽게 이해할 수 있습니다.

셋째, 40~50대는 트렌드가 성립하는 마지막 세대입니다.

소위 MZ세대라는 용어로 불리는 젊은 층이 트렌드에 민감하다고 착각하는 경향이 있습니다만, 사실 이들 사이에는 트렌드라는 것이 없습니다. 이들은 콘텐츠의 공급폭탄을 겪으며 지극히 개인화된 취향을 가진 계층입니다. 이들은 TV도 잘 안 보고, 자기 취향에 맞는 영상을 찾아다닙니다.

저자를 예를 들어보겠습니다. 90년대생인 저자의 경우 마지막으로 챙겨 본 TV 프로그램은 MBC에서 2009년 방영된 선덕여왕입니다. 하지만 OTT 서비스에는 매월 돈을 지불하고 있으며, 이 책을 집필하는 동안에도 계속 유튜브 영상을 틀어두었습니다. 게다가 취향마저 뚜렷하여, 웬만큼 시청하는 영상의 장르를 잘 바꾸지도 않습니다.

물론 MZ세대 사이에서도 공감대나 트렌드라고 부를만한 현상이 일어나긴 하지만, 매우 국소적으로, 여러 곳에서, 동시다발적으로 생겨났다가 급히 사라집니다. 즉, 대규모 공감대를 형성하기도 힘들지만, 이것이 너무 이른 시일 안에 사라지므로 우리 유튜브 채널의 주된 고객으로 삼기에는 부적절합니다.

반면 40~50대는 훨씬 큰 규모로 형성된 공감대를 공유하는 문화가 남아있습니다. 따라서 한 개의 주제만 잘 잡는다면, 젊은 층을 공략하는 것에 비해 훨씬 더 많은 시청자를 유입시킬 가능성이 커집니다. 이것이 방송국이 젊은 층을 타겟팅하지 않는 이유기도 합니다.

또한, 사람들의 지속적인 재방문을 유도할 수 있는 토픽을 잡는 것을 추천합니다. 이왕이면 카톡방에서 활발하게 공유될 수 있는 영상이면 좋고요. 이런 토픽은 엄청나게 유용한 정보를 제공하거나, 사람을 화나게 하거나, 혹은 사람을 뿌듯하게 만들어주는 내용을 담고 있는 경우가 많습니다.

우리는 챗GPT를 활용해 단기간 영상을 대량으로 찍어내는 것이 목표이므로, 유용한 정보를 전달하는 콘텐츠는 일단 배제하겠습니다. 그렇다면 사람의 분노를 자극하거나, 뿌듯하게 만들어주는 주제를 생각해 보면 되겠죠.

예를 들면, 정치색이 짙은 영상을 생각해 볼 수 있겠습니다. 네이버에서 정치와 관련된 뉴스를 하나 골라서 댓글창을 열어보면 많은 사람이 성을 내고 서로를 물어뜯기 위해 상처가 되는 말을 주고받고 있습니다. 같은 기사에 여러 번 방문하며 답글을 다는 사람도 있고요. 그만큼 정치적 토픽은 참여도가 높으며, 재방문율을 높일 수 있다는 장점이 있습니다.

바람직한 사례는 아니지만, 소위 국뽕[2] 튜브라 불리는 장르도 있습니다. 외국인이 한국 음식을 먹고 과장된 리액션을 하거나, 한국의 자랑스러운 점을 하나씩 나열해주는 영상들이 주로 해당합니다. 이 중에는 '프랑스가 경악하고 바이든이 깜짝 놀란 K-배터리의 진실'과 같은 날조된 정보를 전달하는 영상도 많습니다. 놀라운 점은, 이런 영상으로 매월 천만 원 이상의 수익을 내는 사람도 있다는 점입니다.

가급적 허위사실을 전달하거나, 누군가에게 상처를 주는 등 윤리적인 문제가 발생하지 않으면서도 자극적인 소재를 잘 고민하기 바랍니다.

---

2   애국심 + 뽕(필로폰)의 합성어. 지나친 애국심을 강요하는 사람들을 부르는 멸칭에서 시작하였으나, 현재는 애국심에 깊게 심취한 사람들까지 아우르는 용어로 사용됨.

만약 주제 선정이 너무 어렵다면 유튜브 홈페이지 좌측의 [인기 급상승] 메뉴를 클릭하기 바랍니다.

인기 급상승 동영상은 유튜브의 직원들이 선별한 영상이 업로드 되는 곳으로, 지나치게 좁은 계층의 사람들만 선호하는 영상은 배제 되어 있습니다.

말 그대로 유튜브의 빅데이터를 기반으로 의사결정을 내릴 수 있 는 사람들이 대중적이라 판단한 영상이 업로드되고 있으므로, 대중 의 취향을 판단하기 위한 좋은 척도로 활용할 수 있습니다.

GPT로 정치 유튜브 내레이션 만들기

각자의 개성이 담긴 영상 주제를 만들면 좋겠지만, 당장 수익을 만드는 데 관심이 있는 분들을 위해 윤리적인 문제를 만들지 않으면서도 자극적인 영상을 만들 수 있는 주제인 정치 유튜브의 원고 작성 사례를 소개하겠습니다.

현재 정치적으로 가장 뜨거운 쟁점을 찾아보세요. 그리고 관련 기사를 몇 개 수집하여 챗GPT에 알려줍니다. 뉴스 기사를 활용하여 간단한 프롬프트 엔지니어링을 수행하는 것입니다.

(뉴스 기사의 내용을 입력)

제가 지금까지 전달해 드린 뉴스 기사의 내용을 충분히 이해하셨습니까?

> 네, 제가 전달받은 뉴스 기사의 내용을 충분히 이해했습니다.
>
> …(후략)

책의 집필 당시 가장 뜨거웠던 정치 이슈를 담은 20여 건의 기사를 입력했습니다. 너무 민감한 소재라 챗GPT의 이어진 답변도 삭제하였으며, 부록에도 관련 기사를 수록하지 않습니다. 좌우 진영이 선호하는 언론사 기사를 모두 입력했더니 확실히 현재 이슈가 된 사건에 대하여 굉장히 객관적인 시야로 이해한 것 같으며, 사건의 흐름과 조만간 일어날 수 있는 일에 대해 예측을 잘하는 것 같습니다.

그런데 이왕 정치 유튜브 영상을 만들 것이라면 좌파나 우파 한쪽만 쫓을 필요는 없지 않을까요? 민감한 소재를 다룬다면 어느 진영을 옹호하더라도 조회수가 잘 나올 것입니다. 그러므로, 유튜브 채널을 두 개 만들어 한 채널은 파란색 로고를, 다른 채널은 빨간색 로고를 붙이는 전략을 추천하겠습니다.

채널이 두 개면 수익도 두 배가 나올 테니까요.

이제 챗GPT에 이렇게 요청합니다.

 뉴스 기사를 토대로 ****당을 옹호하는 연설문을 작성해줘.

> 여러분, 안녕하세요.
>
> 오늘 우리는 …(후략)

 뉴스 기사를 토대로 ****당을 비판하는 연설문을 작성해줘.

> 여러분, 오늘 저희가 보았던 이 뉴스 기사를 통해 …(후략)

챗GPT는 순식간에, 소름이 돋을 정도로 사람의 마음을 움직일 수 있는 연설문을 두 편이나 작성해왔습니다. 만약 작정하고 가짜뉴스를 입력하고 연설문 작성을 요청했다면 선동과 날조를 위해 악용될 수 있는 수준의 문장입니다. 따라서 정치와 같은 민감한 소재를 선택한 이상, 객관적인 사실만 담은 뉴스만 입력하기를 권장합니다.

그리고 정말 재미있는 사실이 하나 있습니다. 챗GPT는 방금 입력받은 20여 개의 뉴스 기사와 같은 문장을 단 하나도 만들어내지 않았습니다.

이제 이 원고를 TTS 프로그램을 활용하여 음성으로 변환합니다. TTS 프로그램이란 텍스트를 입력하면 그 텍스트를 컴퓨터가 음성으로 변환해주는 프로그램입니다. 시중에는 정말 많은 TTS 소프트웨어가 출시되어 있습니다. 다만 특정 제품을 책에서 홍보하는 것이 민감할 수 있으므로 제품명을 특정하지는 않겠습니다. 인터넷을 검색하면 쉽게 찾을 수 있습니다.

아래 화면은 회원가입 없이 무료로 사용할 수 있는 특정 TTS 서비스의 화면입니다. 적당한 TTS 서비스를 찾아냈다면, 성우의 목소리를 설정할 수도 있는지 확인해 보세요. 정치 관련 토픽은 뉴스 아나운서처럼 또랑또랑하게 정보를 전달할 수 있는 목소리를 선택하는 것이 호소력이 좋습니다.

이 과정을 통해 TTS 음성 파일을 확보했다면, 바로 영상 제작에 들어가겠습니다.

에셋 조립하기

스톡 비디오, BGM, 내레이션이라는 3가지 재료가 모두 모였으므로 이를 조립하여 영상을 만들겠습니다. 본문에서는 어도비 프리미어 프로를 활용하였습니다. 영상 편집 프로그램을 처음 실행하면 아래 사진과 같이 내용이 빈 상태입니다.

여기에 먼저 내레이션을 추가합니다. 영상의 시작과 동시에 재생되기보다는 5초 이상 지난 뒤 자연스럽게 소리가 재생되도록 구성해주세요.

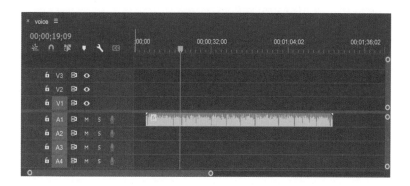

이때 볼륨이 낮다면 −3dB까지 올려줍니다. 단, 데시벨이 0에 도달하면 음색이 뭉개지므로 너무 높게 잡으면 안 됩니다.

볼륨이 큰 영상은 공공장소에서 갑작스럽게 재생되었을 때 주변의 이목을 쉽게 끌 수 있습니다. 정치적인 영상을 거리낌 없이 공공장소에서 틀 수 있는 용감한 시청자들 주변에는 비슷한 성향을 가진 뜨거운 사람들이 많이 있을 가능성이 크겠죠? 그분들도 잠재적인 구독자로 유입시킬 수 있을지 모릅니다. 볼륨 설정이 끝났다면 자물쇠를 클릭하여 내레이션 채널을 보호합니다.

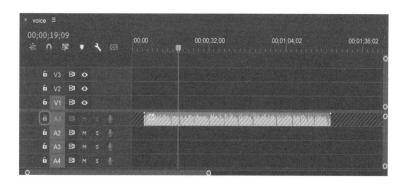

이어 우리가 앞서 다운로드했던 스톡 비디오를 드래그 앤 드롭하여 영상에 추가합니다. 내레이션 길이보다 영상의 길이가 살짝 긴 정도로 배치하면 되겠습니다. 이후 원본 스톡 영상에 삽입되어 있던 소리가 영상에 섞이지 않도록 [뮤트]^{Mute} 버튼을 클릭한 후 다시 자물쇠 버튼을 클릭하거나, 사운드 채널을 삭제합니다.

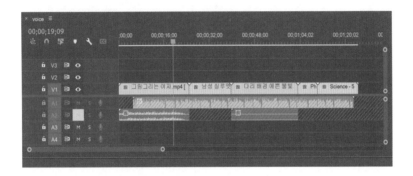

마지막으로 배경음악을 추가한 뒤

내레이션보다 10dB 이상 작게 재생되도록 볼륨을 수정합니다.

그리고 영상의 길이보다 긴 배경음악 영역을 삭제하면 영상 제작이 끝납니다!

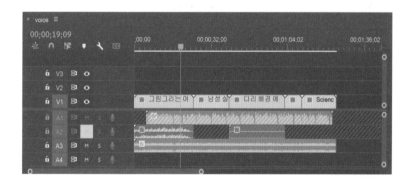

축하합니다! 이제 편집이 끝난 영상을 내보내기^{export}하면 유튜브 영상 제작이 끝났습니다. 영상 편집 프로그램을 실행하고 여기까지 걸린 시간은 1분이 채 되지 않습니다.

들어간 노력과 수고는 별로 없지만, 화면 가득 붉은 글자만 띄워두고 TTS로 읊어 주는 채널에 비해 영상의 퀄리티는 훨씬 뛰어납니다. 전문가가 촬영한 스톡 비디오를 활용했기에 영상미도 흠잡을 곳이 없고요.

미드저니와 파워포인트 프로그램으로
썸네일 만들기

썸네일 제작은 앞에서 다뤘던 미드저니로 만들면 금방입니다. 선출직 공무원과 정치인은 공인이므로 얼굴 사진을 가져와서 사용해도 될 것 같지만, 저자가 책에 수록하기에는 너무 무서우니 미드저니로 아래 사진처럼 가상의 정치인 이미지를 만들어 대체하겠습니다.

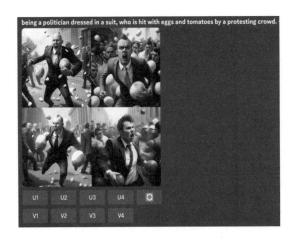

사진이 준비되었다면 PPT에 입력하고, 자극적인 문구를 기재합니다. 그리고 상단의 [디자인] 탭을 클릭한 뒤, 제일 우측의 [디자이너] 버튼을 클릭합니다. [디자이너] 메뉴는 AI가 자동으로 디자인을 완성해주는 기능으로, 마이크로소프트 365의 정품 프로그램이나 웹 버전https://www.office.com/에서 사용할 수 있습니다. 참고로 다음 사진은 마이크로소프트 365의 정품 프로그램 화면입니다.

오른쪽 그림처럼 여러 디자인이 자동으로 생성됩니다. 이 중에서 가장 여러분의 취향에 맞는 디자인을 하나 선택해주세요. 마음에 드는 디자인이 없다면 스크롤을 끝까지 내려 [더 많은 디자인 아이디어 보기] 버튼을 클릭합니다.

AI가 만들어 준 디자인에서 폰트를 두껍게 바꾸고, 글자 색이 눈에 잘 띄도록 바꿨습니다. 이외에 특정 정당의 색깔에 따라 배경을 바꾸는 등의 시도를 해 볼 수도 있겠네요.

썸네일 중에서 잘 나온 것을 골라 채널의 프로필 사진으로 설정하는 것도 좋겠습니다.

09

영상 업로드

유튜브 창 우측 상단의 카메라 아이콘을 누르면 [동영상 업로드]라는 메뉴가 있습니다. 이 메뉴를 클릭하면 영상을 업로드할 수 있습니다.

자극적인 제목을 입력해 주고, 하단의 [미리보기 이미지 업로드] 버튼을 클릭하여 썸네일 이미지를 게시합니다. 이어 안내 문구를 따라 [다음] 버튼을 눌러 영상을 업로드할 수 있습니다.

이상으로 챗GPT를 활용하여 정치 유튜브 영상을 자동으로 생산하는 과정을 살펴봤습니다. 가장 단기간에 많은 조회수를 낼 수 있는 주제를 소개하다 보니 정치라는 소재를 선택했지만, 정작 뒷일이 무서워 챗GPT가 만든 원고는 단 한 글자도 수록하지 못했네요.

여기에서 소개한 방법을 활용하여 여러분만의 개성 있는 영상을 만들기 바랍니다.

본 챕터에서 사용된 정치인의 그림, 문구, 표현 등은 현실의 인물, 단체, 종교 등과는 전혀 무관함을 밝힙니다.

Chapter 06

GPT 노마드 (3) - AI 작가

출판물 수익 구조에 대한 이해

드디어 GPT 노마드 시리즈의 마지막 단계인, GPT를 활용해 책을 쓰는 단계까지 소개할 수 있게 되었네요. 제 손으로 경쟁 작가를 양산하는 것 같아 기분이 조금 이상하지만, GPT 시대에 가장 큰 효용성을 창출할 수 있는 중요한 토픽이므로 가감 없이 설명하겠습니다.

이 챕터에서는 GPT를 활용하여 책을 출판하고, 책이 판매됨에 따라 여러분께 수익이 발생하는 구조를 설명합니다.

모 온라인 강의 플랫폼 등에서 "50p가량의 전자책을 작성해 20만 원에 판매하라."라는 내용으로 강의를 하는 것을 보고 적잖이 충격을 받았습니다. 심지어 또 그걸 구매하는 사람이 실제로 있더군요.

이해가 되지 않는 시장이었습니다. 재미있는 점은 온라인 서점이 아니라 재능공유 플랫폼에서 판매가 되고 있었습니다.

물론 그와 같은 전자책을 작성하는 용도로 GPT를 사용해도 좋지만, 본문에서는 단순히 PDF 파일을 제작하여 판매하는 것이 아니라 정식으로 ISBN이 발급되는 도서를 출간하고, 이를 국내의 유명 대형서점을 통하여 판매하는 과정을 안내합니다. 아울러 아마존을 통해 전 세계 12개 국가에 여러분의 책을 수출하는 방법까지 알려드릴 것입니다.

책을 집필하여 돈을 버는 구조는 위 그림과 같습니다.

독자가 책을 구매하면 서점은 돈을 벌게 됩니다. 책이 잘 팔리면 서점은 책을 추가로 발주하고, 출판사는 돈을 벌게 됩니다. 책이 잘 팔릴수록 출판사가 많은 돈을 벌게 됩니다. 작가는 출판사로부터 인세를 정산받으며 돈을 벌게 됩니다. 이것이 원고가 돈으로 바뀌는 과정입니다.

책을 인쇄하는 데에는 돈이 듭니다. 책을 제작하는 데 기본적으로 들어가는 비용이 있으므로, 한 번에 최대한 많은 책을 찍어낼수록 한 권당 제작 단가는 줄어들게 됩니다. 단, 단가를 낮추기 위하여 한 번에 너무 많은 책을 찍는다면 팔리지 않는 재고를 떠안아야 할 수도 있으며, 창고에 책을 보관해야 하므로 비용이 발생합니다. 따라서 처음에 책을 1천 부가량 찍어 보고, 잘 팔리면 점점 더 인쇄소에 주문량을 늘려나가는 것이 일반적입니다.

인세는 책이 창출할 수 있는 전체 매출 대비 작가의 수익을 의미합니다. 예를 들어 책 가격이 1만 원이고 인세율이 10%인 경우, 작가는 책이 한 권 팔릴 때마다 1천 원의 수익을 얻게 됩니다. 만약 1만 원짜리 책을 1천 권 판매할 경우, 책이 창출할 수 있는 전체 매출은 1천만 원이므로 작가가 가져가는 10% 인세는 100만 원이 됩니다.

출판사 입장에서는 초기에 인쇄비도 들어가고, 작가로부터 전달받은 원고를 편집하는 과정에서 인건비도 지출해야 합니다. 표지나 내지에 디자인 작업이 필요할 경우 디자이너의 인건비도 발생하게 되고, 책을 인쇄하고 제본하는 과정에서도 돈을 내야 합니다. 또한, 완성된 책이 납품될 때까지 보관해 둘 창고도 임대해야 하며, 책이 잘 팔리도록 홍보해야 하므로 마케팅비도 지출해야 합니다. 거기에 저자에게 인세도 떼 줘야 하지요.

따라서 책이 한 권 출간되어 판매되기까지는 매우 많은 사람의 수고가 들어가야 하며, 출판사가 부담해야 하는 비용과 리스크도 일반인의 상상 이상입니다. 그래서 책이 팔리지 않으면 출판사가 손해를 보게 됩니다.

책이라는 상품의 출시를 준비하기 위한 기획 과정도 쉽지 않습니다. 출판사는 시장 조사를 진행하여 독자의 예상 수요에 대한 분석도 진행해야 하며, 책의 주제가 시장성이 있을지, 경쟁도서보다 잘 팔릴 수 있을지, 관련 주제를 작가가 잘 소화해 낼 수 있을지에 대한 다각도의 검토를 수행해야 합니다.

그래서 일반적으로 출판사는 아무 원고나 출판해 주지 않습니다. 작가가 출판사에 원고를 투고하면 주제가 시장성이 있는지, 작가의 원고 구현 능력에 하자는 없는지, 책의 내용은 괜찮은 편인지를 꼼꼼하게 검토합니다. 필요하다면 관련 분야의 교수나 전문가에게 원고의 평가를 요청하기도 하고요.

혹은 출판사가 자체적으로 도서를 기획하고 믿을만한 작가에게 작품 집필을 맡기기도 합니다. 이런 형태의 출간을 기획출간이라고 합니다. 최근에는 자비출간의 반대 개념으로, 작가가 출판사에 원고를 투고해도 기획출간이라고 부르는 경우도 있습니다.

마치 학계에서 논문 출간 시 동료 평가[1]가 진행되듯 내부에서 시장성 검토가 진행되므로, 출판사를 거쳐 출간된 도서는 최소한의 검증 절차가 수행된 작품이라 볼 수 있겠습니다.

그런데 이렇게 깐깐한 절차를 일반인이 시간과 노력을 들여 수행하는 것은 쉽지 않습니다. GPT를 사용한 원고를 출판사에서 긍정적으로 평가해줄지도 미지수고요. 그래서 이 책에서는 별도의 깐깐한 시

---

1 관련 분야의 전문가들이 연구 결과를 평가하고, 평가를 통과하지 못하면 논문을 게재해 주지 않음

장성 평가 없이 책을 출간하는 POD 시스템을 활용해 볼 것입니다.

POD^{Publish on Demand}는 주문이 들어온 만큼만 소량으로 인쇄하는 방식을 의미합니다. 도서를 POD로 출간하면 서점과 제휴된 인쇄소에 원고 파일을 전송해 두고, 주문이 들어오면 그때마다 한 권씩 책을 인쇄하고 제본하여 배송합니다. 한 번에 수천 권씩 인쇄해 두는 방식이 아니다 보니 적은 비용으로 시장에 책을 출시할 수 있습니다.

POD에도 종류가 다양한데요, 우리는 초기 출간 비용이 한 푼도 필요하지 않은 부크크^{https://www.bookk.co.kr} 서비스를 활용해 볼 것입니다.

자, 이제 책 집필을 시작해보자고요.

02

GPT를 활용한 책 기획

책에도 다양한 장르가 있습니다만, 페이지 수 대비 가장 활자의 비중이 낮은 책 중 하나인 동화책의 작성 방법을 예시로 들어 보겠습니다.

동화책은 일반적인 단편소설보다 훨씬 짧은 분량으로 구성되며, 각 페이지에는 그림 한 장과 두세 줄의 텍스트가 삽입됩니다. 짧고 명료하면서도 기승전결이 있는 스토리 구상이 필요하며, 그림도 많이 필요합니다.

스토리는 챗GPT가 잘 작성해 줄 것이고, 그림은 미드저니로 그리면 됩니다. 그리고 미드저니가 그려준 그림과 챗GPT가 작성해 준

문구를 합쳐서 하나의 페이지로 만드는 작업은 PPT로 수행하면 되 겠군요.

자, 그러면 지금부터 동화책의 원고를 먼저 작성해 보겠습니다. 제일 먼저 해야 할 것은 동화책의 스토리 설계겠죠. 챗GPT에 여러 유명 동화책의 스토리를 입력하는 프롬프트 엔지니어링을 진행하겠 습니다.

백설 공주	브레멘 음악대	라푼젤	콩쥐팥쥐	토끼와 거북이
미운 오리 새끼	성냥팔이 소녀	잭과 콩나무	행복한 왕자	아기장수 우투리
벌거벗은 임금님	신데렐라	피노키오	헨젤과 그레텔	미녀와 야수
빨간 모자	아기돼지 3형제	피리부는 사나이	피터팬	임금님 귀는 당나귀 귀

위 표는 저자가 당장 떠올릴 수 있었던 동화 20종입니다. 각각의 동화책의 줄거리를 위키백과에서 수집하고, 챗GPT에 모두 입력했 습니다. 피노키오, 피터 팬은 한국어 위키에 스토리가 기재되어 있 지 않아 영문 위키의 스토리를 참고했습니다. 자세한 프롬프트 엔지 니어링 과정은 부록 237페이지를 참고하세요.

이후 챗GPT에 동화에 삽입할 교훈을 하나 선택하고, 그 교훈을 토대로 동화의 줄거리를 설계하라고 요청했습니다.

> 5~7세 아동에게 보여줄 동화책을 설계하고 있습니다. 핵심 교훈 1가지와 이 교훈을 전달할 수 있는 동화 스토리를 설계하시오.

🟢 핵심 교훈: 우리 모두는 서로 다르지만, 각자의 가치와 장점이 있습니다.

동화 스토리:

한 전설에 따르면, 어느 숲속에 세 개의 작은 동물이 살고 있었습니다. 하나는 토끼, 다른 하나는 곰, 그리고 마지막으로 두리번두리번 움직이는 꼬마 쥐였습니다.

어느 날, 이들은 숲을 누빈 후 함께 얘기를 나누기 시작했습니다. 토끼는 다른 동물들에게 자신이 얼마나 빠르고 우아한지 자랑했습니다. 곰은 다른 동물들에게 자신이 얼마나 강하고 무서운지 자랑했습니다. 반면에 꼬마 쥐는 그냥 조용히 앉아서 다른 동물들의 이야기를 들었습니다.

하지만 그다음 날, 이들이 숲에서 놀고 있을 때, 갑자기 큰 폭풍우가 밀려왔습니다. 동물들은 하늘을 내다보고, 마침내 토끼가 돌아다니면서 자신이 누구보다 빠르다고 자랑한 것을 떠올렸습니다. 곰은 다른 동물들을 보호하며 힘을 발휘하고, 꼬마 쥐는 작고 민첩한 몸으로 도움을 주었습니다.

토끼와 곰은 함께 모든 동물을 구하기 위해 노력했지만, 꼬마 쥐의 민첩한 몸이 모든 동물을 구하는 데 큰 역할을 했습니다. 이를 통해 모든 동물은 서로 다른 장점과 가치를 가지고 있다는 것을 깨달았습니다.

이러한 이야기를 통해 아이들은 각자의 다름이 가치 있는 것이며, 자신과 다른 사람들의 장점과 능력을 존중하는 것이 중요하다는 교훈을 배울 수 있습니다.

답변의 퀄리티가 지나치게 준수해서 당혹스럽습니다. 혹시 이미 있는 동화의 줄거리를 베낀 것인가 싶어 검색해 봤는데 마땅히 확인되는 레퍼런스는 없네요. 이 줄거리를 그대로 활용해 동화를 한 편

작성해 보겠습니다.

먼저 줄거리를 여러 페이지로 나누겠습니다. 어색한 문장도 약간 손을 보고요. 결과물은 다음 표에 기재되어 있습니다.

페이지	문구
1	오래된 전설에 따르면, 어느 숲속에 세 마리의 동물이 살고 있었습니다.
2	하나는 토끼
3	다른 하나는 곰
4	그리고 마지막으로
5	두리번두리번 움직이는 꼬마 쥐가 있었습니다.
6	어느 날, 이들은 숲을 누비며 놀다가
7	함께 얘기를 나누기 시작했습니다.
8	토끼는 자신이 얼마나 빠른지 자랑했습니다.
9	곰은 자신이 얼마나 강하고 무서운지 자랑했습니다.
10	꼬마 쥐는 그냥 조용히 앉아서 다른 동물들의 이야기를 들었습니다.
11	하지만 다음 날
12	동물들이 숲에서 놀고 있을 때
13	갑자기 큰 폭풍우가 밀려왔습니다.
14	동물들은 하늘을 내다봤습니다.
15	토끼는 자기가 누구보다 빠르다고 자랑했던 것을 떠올렸지만 지금 상황에 큰 도움이 되지는 않았습니다.
16	곰은 힘을 발휘하며 다른 동물들을 보호했습니다.
17	꼬마 쥐는 작고 민첩한 몸으로 도움을 줬습니다.
18	토끼와 곰은 함께 모든 동물을 구하기 위해 노력했지만
19	꼬마 쥐가 모든 동물을 구하는 데 큰 역할을 했습니다.
20	우리는 모두 서로 다른 장점과 가치를 가지고 있구나
21	동물들은 깨달았습니다.
22	동물들은 서로를 도우며 행복하게 오래오래 살았습니다.

다듬으려면 충분히 더 재미있게 다듬을 수 있겠습니다. 우리는 GPT를 도구로서 활용하는 입장이지, GPT의 창작 능력을 그대로 고집스레 가져와 사용할 필요는 전혀 없으니까요. 다만 지면 관계상, 이 원고를 그대로 활용하여 한 편의 동화를 작성해 보겠습니다.

03

미드저니와 PPT를 활용한 동화 원고 작성

이 책의 지면을 할애하여 모든 페이지를 작성하는 과정을 보여드리는 것은 큰 의미가 없는 것 같아 아래 문장을 작성하는 과정만 표현하겠습니다.

페이지	문구
8	토끼는 자신이 얼마나 빠른지 자랑했습니다.

먼저 파워포인트를 실행합니다. 파워포인트 프로그램의 상단 메뉴에서 [디자인] 버튼을 클릭하고

[슬라이드 크기] → [사용자 지정 슬라이드 크기(C)]를 선택합니다.

이어서 아래 사진에 표시된 종이 규격 중 하나를 택하여 너비와 높이에 입력합니다. 아래 규격은 부크크에서 지원하는 책 규격입니다.

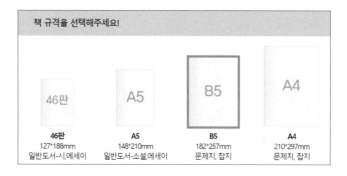

이 책에서는 B5 규격을 입력하겠습니다. 입력이 다 되었다면 [확인] 버튼을 누릅니다.

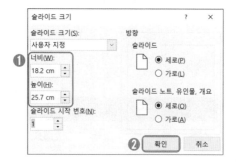

PPT 슬라이드가 세로로 바뀌었습니다. 이제 이 슬라이드가 우리 책의 원고 역할을 수행할 것입니다.

이제 미드저니를 활용하여 삽화를 제작합니다. 제작 과정은 생략 하겠습니다.

이 삽화를 PPT에 드래그해 추가합니다.

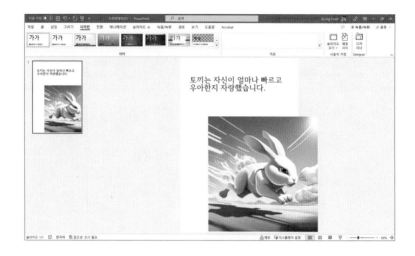

[디자이너] 기능을 활용하여 글자와 글을 자연스럽게 배치합니다.

이 작업을 반복하여 동화책의 전체 페이지를 구성합니다. 작성이
끝난 원고는 PDF 파일로 저장하세요.

04

책 출간하기

책 출간을 위하여 POD 출판사의 계정을 만듭니다. 이 책에서는 부크크 서비스 활용을 권장합니다. 무료로 도서를 출간할 수 있으며, 교보문고나 예스24를 비롯한 대형서점 입점까지 대행해주기 때문입니다.

부크크 홈페이지^{https://www.bookk.co.kr}를 방문하여 계정을 만들고, 인세 수령을 위해 계좌 정보를 인증해주세요. 그리고 메인 화면 상단의 [책만들기] 메뉴를 클릭합니다.

부크크 홈페이지

[종이책] 메뉴를 클릭합니다. 전자책은 다른 플랫폼 활용을 추천합니다. 부크크를 통해 만든 전자책은 대형서점에 유통되지 않기 때문입니다.

동화책이므로 내지를 컬러로 설정하고, 책 사이즈를 B5로 설정합니다.

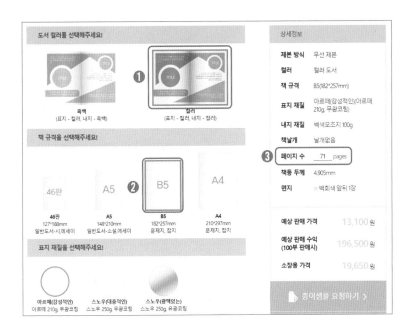

가장 중요한 부분입니다. 책의 페이지 수를 입력하면 책등 두께와 책의 예상 판매 가격, 그리고 예상 수입이 자동으로 계산됩니다. 최소 페이지 수는 50p입니다. 혹시 동화책의 페이지 수가 50p가 되지 않는다면 두세 편의 동화를 한 권으로 묶어 분량을 만들어 주세요.

저자는 71p로 분량을 입력했습니다. 부크크가 계산해 준 책의 정가는 13,100원입니다. 책등 두께는 4.905mm고요.

책등은 책 옆면의 접합부를 의미합니다. 직접 디자인한 표지를 업로드할 때, 책등 부분의 두께를 고려하여 표지 이미지 파일을 제작해야 합니다.

정보 확인이 끝났다면 하단의 [Step2 원고등록] 버튼을 클릭합니다.

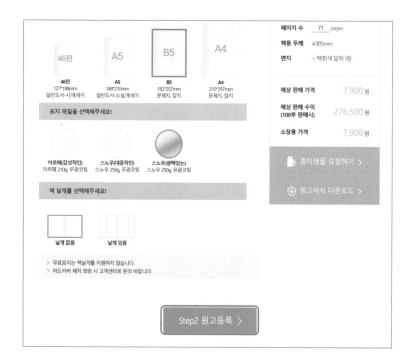

제목과 저자 등 책의 주요 정보를 입력합니다.

스크롤을 내려 원고 파일을 업로드하고, 〈도서 제작 목적〉에서
〈ISBN 발부 책 판매용〉을 선택합니다. 이어서 페이지 제일 하단의
[Step3 표지 등록] 버튼을 클릭합니다.

원고 업로드 *

> 클릭 받기 삭제

> 원고 파일은 20M 까지 업로드가 가능합니다.
> 파일 용량이 큰 경우에는 "빈 파일 다운받기" 클릭 후, 다운 받은 파일을 업로드하신 후 info@bookk.co.kr로 원고를 보내주세요.
> 원고는 한글(HWP) 또는 MS워드보다 PDF로 변환하여 업로드 해주시는 것이 폰트 오류나 품질에 대한 오류를 줄일 수 있습니다.
> 첨부 가능한 파일형식 : **pdf, word, hwp(한글)**
> 업로드한 파일이 부크크 이용 약관을 준수하는지 반드시 확인하세요.
> 익스플로러 11이하 버전의 경우는 원고 파일이 업로드가 작동하지 않을 수 있습니다. 크롬(구글), 웨일(네이버) 브라우저를 이용하여 파일 업로드 진행이 가능합니다.

도서 제작 목적 *

◉ ISBN 발부 책 판매용 (부크크 외에 다른 유통망(예: 국립도서관 등)에서도 판매가 가능합니다.)

○ 일반 판매용 (부크크에서만 판매가 가능합니다.)

○ 소장용 (개인 소장 및 인쇄만 가능합니다.)

표지는 부크크 기본 제공 템플릿을 사용해도 좋고, 〈직접 올리기〉를 선택해서 직접 제작한 표지의 파일을 업로드해도 좋습니다.

표지 파일을 업로드하거나 템플릿을 선택하면 인쇄 시 모습을 미리볼 수 있습니다. 단, 기본제공 템플릿을 사용하면 10권 이상 판매 실적이 있어야 교보문고 등의 외부 서점에 유통이 진행되므로 가급적 미드저니와 파워포인트 등을 활용하여 직접 표지를 제작하는 것을 추천합니다.

바코드와 출판사 로고는 자동으로 삽입됩니다. 표지 설정이 끝났다면 하단의 [가격 설정] 버튼을 클릭합니다.

최종적으로 가격을 설정합니다. 최소가격보다 높여서 기재하는 것은 문제가 없습니다. 그리고 〈외부유통〉에서 〈예〉를 선택하고, 〈업체별 외부 유통 신청〉 메뉴를 클릭하여 교보문고, 예스24, 알라딘 등 책을 입점시킬 서점을 선택합니다.

책이 한 권 팔릴 때마다 여러분에게 지급되는 인세는 화면 우측에 표시됩니다. 이어서 하단의 [ISBN 등록] 메뉴를 클릭합니다.

ISBN 등록은 여러분이 따로 출판사등록을 하지 않았다면 〈부크크 대행〉을 선택하면 됩니다. 마지막으로 [Step6 책정보 확인] 버튼을 클릭하여 책의 소개와 작가 이력 등을 입력할 수 있으며, 최종적으로 책 출간을 마무리할 수 있습니다.

부크크 측에서 원고 내용에 비윤리적인 내용이 없는지 등의 검토를 거쳐 출간되며 검토 기간은 2주가량 소요됩니다. 책의 판매 승인이 나면, 승인 뒤 약 2주 후부터 교보문고, 예스24 등에서 여러분의 책이 판매되기 시작합니다.

05

책 판매량과 수익 확인하기

책 판매량은 부크크 홈페이지 [마이페이지] → [판매내역 조회] 메뉴를 클릭하여 확인할 수 있습니다.

도서마다 월별로 책이 몇 권씩이나 판매되었는지를 확인할 수 있습니다. 실시간 확인은 어렵고, 알라딘이나 예스24는 1영업일 이상 판매량 집계가 지연됩니다. 교보문고의 경우 전월 판매량이 이번 달 판매수량 칸에 기입되어, 한 달가량 집계가 밀립니다.

| 도서명 | 월 | 판매 수량 | | | | | | 합계(권) |
| | | 부크크 | (구)교보 | 외부유통 | | | | |
		도서 (권)	도서 (권)	알라딘	예스24	교보문고	기타	
	1월	4	-	101	52	-	-	157
	2월	2	-	113	74	23	-	212

부크크에서 조회된 판매내역 예시

　판매수익은 매월 정산되며, 다음 달에 원천징수된 기타소득 형태로 계좌에 바로 입금됩니다. 별도의 사업자등록은 필요하지 않으며 소득에 대한 정산과 세금신고는 다음 해 5월에 종합소득신고를 통해 진행됩니다.

06

전자책 판매

부크크 전자책의 경우 외부 서점 유통이 제한되어 있어 수익으로 잘 연결되지 않습니다. 국내 전자책 유통은 이퍼플^{ePubple} 서비스 활용을 추천합니다.

이퍼플^{https://epubble.com} 홈페이지 메인에 접속하여 [제작 신청하기] 버튼을 클릭하고 원고를 제출하면 됩니다. 전자책의 경우 뒷표지와 책등이 없으므로 앞표지만 제작하여 제출하면 되고요.

이퍼플 홈페이지

부크크와 달리 책 판매가 승인되면 별도의 계약서가 발송됩니다. 계약 체결 이후 교보문고, 예스24, 알라딘, 인터파크, 리디북스, 북큐브, 구글 플레이 등 다양한 전자책 플랫폼을 통해 책 유통이 시작됩니다.

책 승인 이후에는 상단의 [정산] 메뉴를 클릭하여 월별 판매량과 정산 수익금을 확인할 수 있습니다.

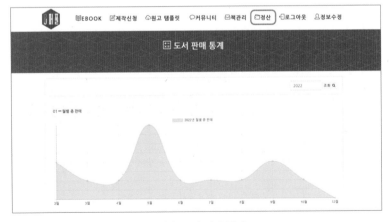

이퍼플 도서 판매 통계

07

아마존 KDP를 통한
도서 해외 수출

챗GPT와 함께라면 번역도 두렵지 않을 것입니다. 그렇다면 자연스럽게 한국보다 훨씬 넓은 해외시장에 관심이 가기 마련이죠.

아마존의 KDP 서비스 홈페이지

아마존의 KDP 서비스https://kdp.amazon.com를 활용하면 도서를 해외에 수출할 수 있습니다. 설명에 따르면 5분 안에 도서를 출판할 수 있으며, 72시간 이내 전 세계의 킨들 스토어에서 책 판매가 개시된다고 해요. 게다가 POD 방식을 차용하여, 킨들 전자책뿐만 아니라 수출 대상 국가 현지에서 도서를 인쇄하고 조립하여 배송하는 서비스도 활용할 수 있습니다.

제약조건으로는 KDP가 허용하는 언어만 사용할 수 있으며 한국어는 사용이 곤란하다는 점 정도가 있습니다.

혹시 챗GPT가 출시된 직후 국내 대형서점에서 '챗GPT'를 검색해 본 적 있나요? 본 저자가 국내 최초로 챗GPT 도서를 두 권 집필했습니다만, 저자의 도서들이 노출되기 이전에는 해외 도서들이 국내 서점에서도 검색이 되었습니다. 그리고 그 도서들 전량이 POD 형태의 출간이었고요. 그만큼 국내에 비해 해외에는 POD를 수출까지 해 주는 서비스가 꽤 많은 것으로 생각됩니다.

여러분이 KDP를 사용한다면, 앞으로 챗GPT에 비견될 만한 큰 사건이 일어난 직후 책을 출간하여 전 세계의 서점에서 독점적으로 책을 판매할 수 있을지도 모릅니다. 챗GPT를 활용하면 집필 기간도 훨씬 짧아질 것이고요.

여러분의 다양한 도전을 응원하고, 성공을 기원합니다.

Chapter 07

GPT와 엑셀이 만나다 - 투자 시뮬레이터 제작

GPT와 실무 소프트웨어의 결합

우리나라의 관공서와 대기업의 컴퓨터에는 아마 99% 확률로 엑셀, PPT, 그리고 한컴오피스가 설치되어 있을 것입니다. 그만큼 이와 같은 문서 실무 소프트웨어가 유용하다는 뜻일 것이고, 동시에 한국인의 경제활동에서 빼놓을 수 없는 존재로 자리 잡고 있다는 뜻일 것입니다.

그래서일까요? 유튜브를 잠시만 둘러봐도 문서 실무용 소프트웨어에 챗GPT를 연동하여 생산성을 끌어올릴 수 있다는 영상이 그야말로 쏟아지고 있습니다. 반응도 뜨거운 편이고요.

이번 챕터에서는 문서 작성 소프트웨어 중 가장 방대한 기능을 탑재한 엑셀과 GPT를 결합하여 효용성을 극대화하는 방법을 보여드리겠습니다. 엑셀을 예시 삼아 여러분이 일상에서 활용하고 있는 유명한 프로그램들의 활용 가치를 더 높은 곳으로 끌어 올리는 과정을 체험하기 바랍니다.

GPT와 엑셀의 만남, 효용성이 있을까?

2023년 2월 초, MS의 대표이사는 기자회견을 통해 조만간 엑셀과 PPT 등에 GPT를 도입할 것이고, 챗GPT를 사용하듯이 대화를 나누는 것만으로도 놀라운 경험을 할 수 있을 것이라 선언했습니다. 본문의 도입부에서 관련 정보를 다루기도 했지요.

그런데 엑셀이라는 도구에는 이미 매년 새로운 기능들이 업데이트되어 왔습니다. 아마 전문가들도 모든 기능을 다 숙지하고 있지는 못할 것입니다. 과연 GPT가 도입된다고 하여 일반인이 평상시 엑셀을 활용하던 방식에 큰 변화가 찾아오고, 엑셀의 데이터 분석 기능을 활용하며 빅데이터에 기반한 사고를 하게 될까요?

저자는 이런 전망까지는 조금 회의적으로 바라봅니다. 결국 우리는 엑셀에 GPT가 도입되더라도 원래 사용하던 용도로 엑셀을 사용할 것이고, 그 과정 중 일부가 훨씬 편리해지는 선에서 효용성을 체감할 것 같습니다.

직관적인 예시를 보여드리겠습니다. 사실 이미 엑셀에는 아래 그림처럼 사람의 말을 알아듣는 AI가 탑재되어 있습니다. 엑셀 창 상단의 검색창에 우리가 원하는 기능을 문장으로 입력하면, 엑셀에 탑재된 AI가 문장을 해석하여 가장 관련성 높은 기능들을 자동으로 추천해줍니다.

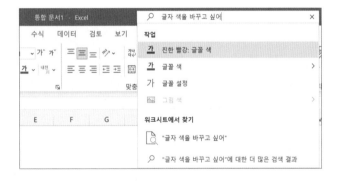

하지만 이 기능 덕분에 삶의 질이 나아지고, 퍼포먼스가 향상되어, 승진에 성공하고 연봉도 올랐다는 내용은 어디에서도 찾을 수 없습니다. 그저 쓰는 사람만 쓰는 기능으로 자리 잡고 있을 뿐이지요.

엑셀에 GPT가 도입되더라도, 처음에는 신기해서 몇 번 사용해 보다가 결국에는 쓰는 사람만 쓰는 기능으로 남게 될 수도 있습니다.

그렇기에 이 책에서는 여러 유튜브 채널에서 극찬하는 챗GPT의 엑셀 활용의 효능과 효험을 설명하기보다는, 챗GPT의 도움을 받아 엑셀을 직접 우리의 관심과 가까운 영역으로 끌어와 활용하는 방법을 보여드리려고 합니다.

자, 지금부터 많은 분이 관심을 가질 만한 주식 투자 시뮬레이터를 만들어보겠습니다. 혹시 여러분이 이 예제에 관심이 없더라도 챗GPT를 이용하여 원하는 엑셀 파일을 작성하기 위해 어떤 과정을 거쳐야 하는지 이해하는 데 큰 도움이 될 수 있습니다.

투자 전략 설계하기
- Modern Portfolio Theory

이미 여러분이 투자 중인 종목이 있다면 그 종목을 가지고 따라와도 좋습니다. 이 책에서는 먼저 노벨상을 받은 이론인 현대 포트폴리오 이론을 바탕으로 하여, 전 세계 모든 금융사와 연기금이 채택한 자산배분이라는 전략을 따라가 볼 것입니다.

먼저 챗GPT가 현대 포트폴리오 이론을 숙지하고 있는지 확인하겠습니다.

현대 포트폴리오 이론의 정의와 리스크가 상쇄되는 원리를 설명하시오.

현대 포트폴리오 이론(MPT, Modern Portfolio Theory)은 투자자가 예상 수익률과 리스크를 고려하여 최적의 포트폴리오를 구성할 수 있도록 도와주는 이론입니다. 이 이론은 1952년 해리 마코위츠(Harry Markowitz)에 의해 처음 제안되었으며, 주식, 채권 및 현금 등 다양한 자산군을 포트폴리오에 조합하여 투자하는 방법을 제시하고 있습니다.

이론의 핵심은 '분산화'라는 개념입니다. 즉, 포트폴리오에 다양한 자산군을 조합하여 투자함으로써 투자의 리스크를 줄일 수 있다는 것입니다. 이는 각각의 자산군이 독립적인 리스크를 가지고 있기 때문입니다.

하지만 현대 포트폴리오 이론에서는 단순히 자산군의 분산으로만 리스크를 상쇄시키는 것이 아니라, 자산군 간의 상관관계를 고려하여 포트폴리오를 구성합니다. 예를 들어, 주식과 채권은 일반적으로 반비례 관계를 가지기 때문에, 주식과 채권을 함께 조합하면 대부분 투자 리스크를 줄일 수 있습니다.

이러한 상관관계를 고려한 포트폴리오 최적화를 위해, 마코위츠는 분산과 상관관계를 동시에 고려하는 수학적 모형을 제시하였습니다. 이 모형은 분산-공분산 행렬을 이용하여 포트폴리오의 예상 수익률과 리스크를 계산하고, 최적의 포트폴리오를 구성하는 데 사용됩니다.

따라서 현대 포트폴리오 이론에서는 분산화를 통해 자산군의 리스크를 상쇄시키는 것뿐만 아니라, 자산군 간의 상관관계를 고려하여 포트폴리오를 구성함으로써, 투자자의 예상 수익률을 최대화하고 리스크를 최소화할 수 있습니다.

챗GPT의 답변은 거의 정석에 가깝습니다. 혹시 현대 포트폴리오 이론에 대하여 처음 접하는 분은 이 답변을 참고하면 되겠습니다. 현대 포트폴리오 이론의 핵심은 '섞으면 섞을수록 안전해진다.'로 요약할 수 있지만, 일반인의 분산투자 개념과는 조금 다릅니다.

일반인들은 여러 회사의 주식에 나누어 투자하는 것을 분산투자라고 인식합니다. 물론 단일 종목에 투자하는 것에 비해서는 안전할 수 있겠지만, 자산배분 측면에서는 이는 자산을 전혀 분산시키지 않고 '주식'이라는 단일 섹터에 올인한 것이나 마찬가지입니다. 챗GPT 선생님의 견해도 들어 보겠습니다.

 일반인들은 여러 회사에 나누어 투자하는 것을 충분히 분산된 투자라고 생각하는 데, 이런 견해를 현대 포트폴리오 이론에 입각하여 수정하시오.

일반적으로 분산된 투자를 하면서 여러 회사의 주식을 소유하는 것은 포트폴리오를 분산시키는 한 가지 방법입니다. 그러나 현대 포트폴리오 이론은 포트폴리오의 분산화에 대해 더욱 정교한 방법을 제시하고 있습니다.

현대 포트폴리오 이론에서는 투자자가 다양한 자산군을 조합하여 포트폴리오를 구성함으로써 투자의 리스크를 최소화하고 예상 수익률을 극대화할 수 있다고 제안합니다. 이론에 따르면, 투자자는 자산군 간의 상관관계를 고려하여 포트폴리오를 구성해야 합니다.

예를 들어, 어떤 투자자가 다양한 기술 회사들의 주식에 투자하려고 한다면, 이 회사들의 주식은 모두 기술 섹터에 속하므로 서로 상관관계가 높을 가능성이 큽니다. 따라서 이러한 주식들을 조합하여 포트폴리오를 구성하면, 리스크를 줄이기보다는 오히려 리스크를 증가시킬 수 있습니다.

이에 비해, 포트폴리오의 분산화를 위해 다양한 자산군을 조합하는 것은 투자자의 포트폴리오를 더욱 정교하게 분산시키는 방법입니다. 예를 들어, 주식, 채권, 부동산, 자원 등 다양한 자산군을 조합하여 포트폴리오를 구성하면, 각 자산군 간의 상관관계를 고려하여 포트폴리오를 구성할 수 있습니다. 이러한 방법은 더욱 안정적이면서도 예상 수익률을 극대화할 수 있는 포트폴리오를 구성하는 데 도움을 줄 수 있습니다.

이것도 옳은 설명으로 볼 수 있겠습니다.

아무래도 현대 포트폴리오 이론 자체가 노벨 경제학상을 통해 무척이나 널리 알려져 있고, 현대의 금융기관은 모두 이를 따르고 있다 보니 이런 내용을 다루는 금융공학 문서가 정말 많이 공개되어 있습니다. 덕분에 챗GPT가 학습하는 데 사용할 수 있었던 데이터 공급도 수월했을 것으로 생각됩니다.

이제 간략한 프롬프트 엔지니어링을 통하여 챗GPT에 최근 유명한 몇 가지 포트폴리오 전략을 알려줄 것입니다. 그리고 현재의 경제 상황을 토대로 그중 가장 적합한 투자 전략을 추천해 달라고 할 것입니다.

최근 10년간 인플레이션 지수는 연평균 2.65%입니다. 코로나19에 대한 대응으로 미국이 무제한 양적 완화를 시행하였으며, 현재에는 양적완화로 인한 반동을 바로잡기 위하여 전 세계의 중앙은행이 지속적으로 기준금리를 인상하고 있습니다.

1. 'Simple Path to Wealth' 포트폴리오는 전체 주식시장을 추종하는 ETF와 전체 채권 시장을 추종하는 ETF를 3:1 비율로 분산하여 투자합니다. 최근 10년간 연평균 수익률은 9.66%이며, 최대 낙폭은 2022년 1월부터 9월 사이의 −22.24%입니다.

2. 'All weather Portfolio' 포트폴리오는 전체 주식시장을 추종하는 ETF를 30%, 금을 7.5%, 원자재를 7.5%, 미국 장기 채권을 40%, 미국 중기 채권을 15% 비율로 분산하여 투자합니다. 최근 10년간 연평균 수익률은 4.8%이며, 최대 낙폭은 2022년 1월부터 9월 사이의 −20.19%입니다.

3. 'Warren Buffet Portfolio' 포트폴리오는 미국 전체 주식시장을 90% 비율로, 미국 단기채를 10% 비율로 투자합니다. 최근 10년간 연평균 수익률은 11.4%이며, 최대 낙폭은 2022년 1월부터 9월 사이의 −23.08%입니다.

4. 'QQQ' 포트폴리오는 미국 나스닥 지수를 추종하는 ETF에 100% 비율로 투자합니다. 최근 10년간 연평균 수익률은 17.05%이며, 최대 낙폭은 2022년 1월부터 12월 사이의 −32.58%입니다.

5. 'Couch Potato' 포트폴리오는 미국 전체 주식시장과 미국 전체 채권시장에 각각 50%씩 투자합니다. 최근 10년간 연평균 수익률은 6.88%이며, 최대 낙폭은 2022년 1월부터 9월 사이의 −19.77%입니다.

…(후략)

지면 관계상 프롬프트 엔지니어링을 통해 챗GPT가 최적화된 투자 전략을 설계할 수 있도록 정보를 주입하는 과정을 본문에 모두 수록하지는 않았습니다. 자세한 과정은 부록 267페이지를 참고해 주세요. 포트폴리오 샘플과 투자 수익률을 시뮬레이션해주는 서비스[1]를 통하여 여러분의 눈에 든 포트폴리오를 챗GPT에 알려주세요. 현재의 경제 상황을 알려주는 것도 좋습니다.

자, 이제 이를 토대로 챗GPT에 포트폴리오를 추천해 달라고 해 보겠습니다.

 1. 나의 투자 목표 기간은 10년이며, 투자 예정 금액은 1억 원입니다.

2. 현재 시중은행의 저축상품 금리는 3.5~3.8%가량입니다.

3. 투자 기간이 상대적으로 짧은 만큼 리스크를 감수하며 수익을 추구하기 보다는, 인플레이션을 상쇄할 수 있을 정도의 안전한 수익을 추구합니다.

4. 최대 낙폭은 -15% 이내라면 좋겠습니다.

현대 포트폴리오 이론과 사전에 제공받은 포트폴리오들의 정보를 토대로, 저의 상황에서 가장 적합한 자산배분을 수행하려면, 주식, 채권, 그 외 기타 자산을 어떤 비율로 섞으면 좋을지 설계해주세요.

주어진 조건과 상황을 고려할 때, 인플레이션을 상쇄할 수 있을 정도의 안전한 수익을 추구하면서도 최대 낙폭을 -15% 이내로 제한하고자 한다면, 주식과 채권을 중심으로 포트폴리오를 구성하는 것이 적합할 것입니다. 또한, 기타 자산으로는 금과 같은 안정적인 자산을 포함시키는 것도 고려할 수 있습니다.

아래는 추천하는 포트폴리오의 자산 배분 비율입니다.

주식: 40%

채권: 50%

기타 자산(금 등): 10%

---

1 http://www.lazyportfolioetf.com

위 자산배분은 현대 포트폴리오 이론에 기반한 안정적이면서도 상대적으로 안정적인 포트폴리오 구성을 추구한 것입니다. 채권을 많이 비중으로 두어 안정적인 예상 수익률을 추구하고, 주식은 주식시장을 전반적으로 반영한 ETF를 선택하여 위험을 분산시키는 방법으로 구성하였습니다. 또한, 안정적인 기타 자산을 조합하여 인플레이션을 상쇄할 수 있는 포트폴리오 구성을 추구하였습니다.

하지만 투자자의 위험 감수 능력, 투자 목표, 성향 등에 따라 자산 배분 비율은 다를 수 있으므로, 투자 전문가나 금융 자문 업체의 전문적인 조언을 받거나 자산 배분 방법을 다양하게 시도해보는 것이 좋습니다.

자, 챗GPT는 제가 입력해 준 포트폴리오들과는 완전히 상이한 비중의 포트폴리오를 설계해줬습니다. 주입받은 지식을 기반으로 하여 AI가 새로운 가치를 창출하는 순간입니다. 그리고 포트폴리오 구성의 이유를 설명해 주고 있습니다.

주식보다 채권을 많이 가져가는 것으로 수익의 안정성을 담보하고, 주식의 경우 단일 종목이 아니라 주식시장을 전반적으로 반영한 ETF를 추천하고 있습니다. 인플레이션 방어를 위하여 금 등의 자산을 함께 편입시켰고요.

일단 설명만 들었을 때는 제가 요청한 사항을 그대로 잘 반영한, 훌륭한 분배인 것 같습니다. 이제 엑셀을 활용하여 투자 시뮬레이터를 만들고, 이 전략이 정말로 괜찮은 전략인지 확인해 보겠습니다.

챗GPT와 함께 엑셀 함수 선정

설명을 시작하기에 앞서, 저자는 구글 스프레드시트가 제공하는 주가 자동 연동 기능을 활용해본 적은 있으나 이 챕터를 집필하기 전에 엑셀에서 주식 관련 시뮬레이터를 만들어본 경험이 전혀 없음을 알려드립니다.[2] 이제 우리는 엑셀 함수에 대한 아무런 사전지식을 활용하지 않고, 오로지 챗GPT가 추천하는 엑셀 함수만 활용하여 자산배분 투자 시뮬레이터를 만들어 볼 것입니다. 지금부터 챗GPT를 시험에 들게 해 보겠습니다.

---

2 참고로 본문에서 사용된 함수 STOCKHISTORY()는 마이크로소프트 365 정품 구독자만 사용할 수 있지만, 정품 구독자가 아니라 따라하지 못하더라도 이 내용을 읽어본다면 챗GPT를 사용해 엑셀을 활용하는 데 많은 도움이 됩니다.

엑셀 함수의 이름과 기능을 아는 대로 최대한 많이 열거하시오.

 아래는 일부 엑셀 함수와 그 기능입니다. 물론 엑셀에는 더 많은 함수가 있습니다.

SUM: 지정된 범위의 숫자를 더합니다.

AVERAGE: 지정된 범위의 숫자 평균을 계산합니다.

MAX: 지정된 범위의 숫자 중 최댓값을 반환합니다.

MIN: 지정된 범위의 숫자 중 최솟값을 반환합니다.

COUNT: 지정된 범위의 셀 수를 반환합니다.

IF: 지정된 조건이 참이면 하나의 값을, 거짓이면 다른 값을 반환합니다.

VLOOKUP: 수직 검색을 수행하여 지정된 값을 찾아 해당 열에서 해당하는 값 반환합니다.

HLOOKUP: 수평 검색을 수행하여 지정된 값을 찾아 해당 행에서 해당하는 값 반환합니다.

…(후략)

대답이 끝도 없이 이어집니다. 그럼 최근 주가를 엑셀로 불러오는 방법을 살펴봐야겠죠. 일반적으로 실시간으로 주가를 가져오려면 스크래핑scrapping이라고 부르는 기술이 필요합니다. 코딩을 할 줄 아는 사람들의 영역으로 알려져 있습니다. 코딩 없이 이것을 수행하는 것이 가능할까요?

 엑셀에서 주가를 불러오는 방법을 알려줘

 엑셀에서 실시간 주가를 불러오는 방법 중 하나는 STOCKHISTORY 함수를 사용하는 것입니다.

다음은 STOCKHISTORY 함수의 구문입니다.

```
=STOCKHISTORY(stock_symbol, start_date, end_date,
interval, [headers], [property], [rounding])
```

stock_symbol: 주식 코드입니다. 예를 들어, AAPL은 애플, MSFT는 마이크로소프트를 나타냅니다.

start_date: 주식 데이터를 가져올 시작 날짜입니다.

end_date: 주식 데이터를 가져올 종료 날짜입니다.

interval: 데이터를 가져올 간격입니다. "D"는 일간, "W"는 주간, "M"은 월간을 의미합니다.

headers(선택 사항): TRUE이면 결과 데이터에 열 머리글이 포함됩니다. 기본값은 TRUE입니다.

property(선택 사항): 데이터를 가져올 속성을 지정합니다. "Close"는 종가를, "Open"은 시가를, "High"는 고가를, "Low"는 저가를 의미합니다. 기본값은 "Close"입니다.

rounding(선택 사항): 결과 데이터의 반올림 자릿수를 지정합니다. 기본값은 2입니다.

예를 들어, 애플(AAPL)의 2021년 1월 1일부터 2021년 2월 28일까지 일간 주가를 불러오는 경우 다음과 같이 사용할 수 있습니다.

```
=STOCKHISTORY("AAPL", "2021-01-01", "2021-02-28",
"D")
```

이 함수를 사용하면 해당 기간의 일간 주가 데이터가 테이블 형태로 반환됩니다.

이 설명을 따라 지금부터 주식 투자 시뮬레이터를 만들어보겠습니다.

주가 불러오기
- 챗GPT의 오류 바로잡기

본격적으로 투자 시뮬레이터를 제작하기 전, 챗GPT가 추천해 준 주가 불러오기 함수가 제대로 작동하는지 확인해 보겠습니다. 먼저 챗GPT가 작성해 준 '애플 주가 불러오기' 예시 함수를 실행해 보겠습니다.

A1	▲▼	✕ ✓	fx	=STOCKHISTORY("AAPL", "2021-01-01", "2021-02-28", "D")			
	A	B	C	D	E	F	G	H
1	#VALUE!							
2		⚠						
3								

첫 시도부터 오류가 발생합니다. 챗GPT가 알려준 정보에 오류가 있었다는 뜻입니다. 지금부터 엑셀에 대한 배경지식이 전혀 없이 이

오류를 바로잡는 과정을 보여드리겠습니다.

먼저 엑셀에 정말로 'STOCKHISTORY'라는 함수가 존재하는지부터 확인해야 합니다. 챗GPT가 존재하지 않는 함수를 추천해준 것인지, 혹은 존재하는 함수를 추천했지만 사용 방법만 잘못 알려준 것인지 구분하기 위해서입니다.

=STOCKHISTORY

엑셀 창에 아래와 같은 명령어를 입력하니, 함수의 이름이 자동완성되며, "지정한 기호 및 날짜 범위에 대한 기간별 따옴표 데이터 배열을 반환합니다."라는 안내문구가 표시됩니다. 일단 챗GPT가 없는 함수를 지어내 알려준 것 같지는 않네요.

이어서 함수 이름 뒤에 "("를 붙여 소괄호를 열어봅니다. 정말 존재하는 함수라면 어떤 값을 입력해 줘야 하는지 위 사진과 같이 샘플이 소개됩니다. 여기까지는 챗GPT의 설명에 오류가 없는 것 같습니다. 실제로 주식의 이름, 시작일, 종료일 등의 정보를 입력받는 창이 떴으니까요.

그렇다면 아마 챗GPT가 함수에 입력한 데이터들이 문제였던 것
같습니다. 뒤에서부터 하나씩 지워나가 보겠습니다. 아래 함수가 챗
GPT가 작성해 준 함수 명령어입니다. 뒤에서부터 명령어를 하나씩
지워 보겠습니다.

=STOCKHISTORY("AAPL", "2021-01-01", "2021-02-28", "D")

"D"라고 적힌 값을 제거했습니다. 이 상태로 함수를 실행해 보도
록 하죠.

=STOCKHISTORY("AAPL", "2021-01-01", "2021-02-28")

이번에는 정상적으로 작동하는 것을 확인할 수 있습니다. 최근 주가가 순식간에 엑셀에 입력되었네요. "D"라는 문구가 문제였던 것은 알아냈습니다. 그렇다면 "D" 대신 어떤 값을 입력해야 하는지도 알아봐야겠죠?

그다지 어렵지 않은 방법으로 이유를 확인할 수 있습니다. "D"가 적혀있던 자리에 빈 따옴표를 입력하면, 엑셀이 자동으로 값을 추천해주거든요. 챗GPT는 D, W, M이라는 알파벳을 입력받는다고 우리에게 설명해 줬습니다만 실제로는 0, 1, 2이라는 숫자를 입력받도록 설계된 함수라는 점을 알아낼 수 있었습니다.

```
=STOCKHISTORY("AAPL", "2021-01-01", "2021-02-28", "")
    STOCKHISTORY(stock, start_date, [end_date], [interval], [headers], [properties1], [properties2]
                                                   (...)0 - 일별      일별 종가
                                                   (...)1 - 주별
                                                   (...)2 - 월별
```

10년간의 투자 시뮬레이션을 하는 것이 목적이므로 일별 데이터를 받아오는 것은 큰 의미가 없습니다. 2를 입력하여 월별 데이터를 받아오도록 하겠습니다.

```
=STOCKHISTORY("AAPL", "2021-01-01", "2021-02-28", "2")
```

A1		× ✓	*fx*	=STOCKHISTORY("AAPL","2021-01-01","2021-02-28","2")				
	A	B	C	D	E	F	G	H
1	날짜	종가						
2	2021.1.1	$ 131.96						
3	2021.2.1	$ 121.26						

2021년 1월부터 2월까지로 기간을 입력했더니 결괏값으로도 두 달 동안의 주가만 표시되었네요. 이 정도면 10년간의 주식 투자 시뮬레이션을 하는 데 무리가 없습니다.

그런데 매번 STOCKHISTORY 함수에 오늘 날짜와 오늘로부터 10년 전의 날짜를 입력해 주는 것은 불편합니다. 혹시 날짜 계산을 자동으로 해 주는 기능은 없을까요? 챗GPT에 물어봅시다.

 혹시 엑셀에서 오늘 날짜와 오늘로부터 10년 전의 날짜를 자동으로 계산할 수 있습니까? 날짜 표기는 yyyy-mm-dd 형태로요.

네, 엑셀에서 오늘 날짜와 오늘로부터 10년 전의 날짜를 자동으로 계산할 수 있습니다.

오늘 날짜는 TODAY() 함수를 사용하여 계산할 수 있습니다. 이 함수는 현재 날짜를 반환합니다. 예를 들어, 오늘 날짜를 A1 셀에 표시하려면 다음과 같은 공식을 사용합니다.

```
=TODAY()
```

10년 전의 날짜는 EDATE() 함수와 TEXT() 함수를 사용하여 계산할 수 있습니다. EDATE() 함수는 지정된 날짜에서 지정된 개월 수 만큼 더하거나 뺀 날짜를 반환합니다.

EDATE 함수는 날짜를 숫자 형식으로 반환합니다. 이 숫자는 1900년 1월 1일부터 현재까지의 날짜를 나타내는 일수입니다. 따라서 숫자 값을 yyyy-mm-dd 형식으로 표현하려면 TEXT 함수를 사용하여 숫자 값을 날짜 형식으로 변환하면 됩니다.

따라서 오늘로부터 10년 전의 날짜는 다음과 같이 계산할 수 있습니다.

```
=TEXT(EDATE(TODAY(),-12*10),"yyyy-mm-dd")
```

위 공식에서 EDATE() 함수에 -12*10을 입력하면 현재 날짜에서 10년 전의 날짜를 계산합니다. 이때 -12를 곱하는 이유는 1년은 12개월이기 때문입니다. 그리고 TEXT 함수를 사용하여 날짜 값을 yyyy-mm-dd 형식으로 변환합니다.

이러한 공식을 사용하여 오늘 날짜와 오늘로부터 10년 전의 날짜를 자동으로 계산할 수 있습니다.

한 번 그대로 사용해 보겠습니다.

A2	▲▼	✕ ✓	fx	=TEXT(EDATE(TODAY(),-12*10),"yyyy-mm-dd")		
	A	B	C	D	E	F
1	2023-03-16					
2	2013-03-16					

여기서 첫 번째 셀은 TODAY()의 실행 결과이며, 두 번째 셀은 10년 전의 날짜 계산 결과입니다. 정상적으로 작동하는 것 같군요. 이제 이것을 활용하여 "10년 전부터 오늘까지의 애플 주가를 가져오는" 문구를 작성해 보겠습니다.

짠! 이렇게 최근 10년간 관심종목의 주가를 월별로 불러오는 작업이 끝났습니다. 이제 주식 투자 포트폴리오를 구축하고, 챗GPT가 추천했던 함수를 활용해 투자의 성과를 분석해 보겠습니다.

	A	B	C
1	오늘 날짜	10년 전 날짜	투자 종목
2	2023-02-26	2013-02-26	AAPL
3			
4	날짜	종가	
5	2013-02-01	$ 15.76	
6	2013-03-01	$ 15.81	
7	2013-04-01	$ 15.81	
8	2013-05-01	$ 16.06	
9	2013-06-01	$ 14.16	
10	2013-07-01	$ 16.16	
11	2013-08-01	$ 17.40	

GPT가 추천해 준 포트폴리오의
투자 시뮬레이터 제작

챗GPT는 주식 40%, 채권 50%, 기타 자산 10% 비율로 구성된 포트폴리오를 추천했습니다. 현대 포트폴리오 이론에 따라 가장 분산된 투자 포트폴리오를 구축하기 위하여 다음과 같은 ETF들을 선정했습니다.

ETF명	코드	설명
Vanguard Total Stock Market Index Fund ETF	VTI	미국 전체 주식시장 추종
iShares 20+ Year Treasury Bond ETF	TLT	미국 장기채 추종
SPDR Gold Trust	GLD	금 선물[3]

---

3 한국의 경우 금 현물 직접 구매가 더욱 혜택이 좋으나, 실시간 가격 추적이 어려워 ETF로 대체

총 운용 예산을 1억 원으로 잡고, 위 세 종목에 각각 4천만 원, 5천만 원, 천만 원을 투자할 경우의 수익률을 계산해 볼 것입니다. 먼저 포트폴리오에 담을 종목의 코드명을 엑셀에 기재합니다. 아래 표에서는 VTI, TLT, GLD 3개가 기재되어 있습니다.

	A	B	C	D	E
1	오늘 날짜	10년 전 날짜	종목 1	종목 2	종목 3
2	2023-02-26	2013-02-26	VTI	TLT	GLD

그리고 화면 하단의 (+) 아이콘을 클릭하여 새로운 시트를 하나 만들어줍니다. 편의상 지금까지 사용했던 시트를 〈계산용〉, 새로운 시트를 〈요약〉이라고 명명하겠습니다.

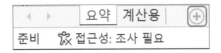

〈요약〉 시트를 깔끔하게 정리해 봤습니다. 추후 〈계산용〉 시트에서 계산이 끝난 값을 연동시킬 것입니다. 다시 〈계산용〉 시트로 돌아가겠습니다.

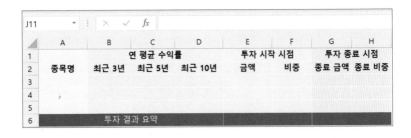

〈계산용〉 시트도 보기 좋게 정돈하고 색깔별로 구역을 나누어 한눈에 볼 수 있도록 만들었습니다. 이제 수익률을 계산해 보겠습니다.

	A	B	C	D	E	F
1	오늘 날짜			종목 1	종목 2	종목 3
2	2023-02-26		티커	VTI	TLT	GLD
3	10년 전 날짜		투자금	₩40,000,000	₩50,000,000	₩10,000,000
4	2013-02-26		수익률	₩61,983,640	(₩7,400,219)	
5			현재 가격			
6	VTI			TLT		GLD
7	날짜	종가	날짜	종가	날짜	종가
8	2013-02-01	$ 78.24	2013-02-01	$ 118.51	2013-02-01	$ 153.00
9	2013-03-01	$ 80.96	2013-03-01	$ 117.76	2013-03-01	$ 154.47
10	2013-04-01	$ 82.26	2013-04-01	$ 123.01	2013-04-01	$ 142.77
11	2013-05-01	$ 84.27	2013-05-01	$ 114.45	2013-05-01	$ 133.92
12	2013-06-01	$ 82.67	2013-06-01	$ 110.44	2013-06-01	$ 119.11
13	2013-07-01	$ 87.42	2013-07-01	$ 107.70	2013-07-01	$ 127.96
14	2013-08-01	$ 84.77	2013-08-01	$ 105.99	2013-08-01	$ 134.62
15	2013-09-01	$ 87.65	2013-09-01	$ 106.40	2013-09-01	$ 128.18
16	2013-10-01	$ 91.39	2013-10-01	$ 107.64	2013-10-01	$ 127.74
17	2013-11-01	$ 93.86	2013-11-01	$ 104.45	2013-11-01	$ 120.70
18	2013-12-01	$ 95.92	2013-12-01	$ 101.86	2013-12-01	$ 116.12

수익률 계산

아예 모든 고민과 생각을 챗GPT에 맡기기로 했으므로, 수익률을 계산하는 방법도 챗GPT에 물어봅시다.

> 👤 지금 엑셀을 켜 둔 상태고, A열에는 2013년 2월부터 현재까지의 날짜가, 그리고 B열에는 날짜별로 주가가 기재되어 있어.
>
> 총수익률을 계산하는 방법을 알려줘.

> 🤖 총수익률은 투자 기간 얼마의 수익을 냈는지를 나타내는 지표입니다. 총수익률은 투자 종목의 초기 가격과 최종 가격을 비교하여 계산할 수 있습니다. 총수익률을 계산하는 방법은 다음과 같습니다.
>
> – 첫 번째 날짜에서 마지막 날짜까지의 투자 종목의 가격을 비교합니다.

– 투자 기간의 수익률을 계산합니다.

– 수익률을 백분율로 변환합니다.

아래는 A열에는 날짜, B열에는 AAPL 종목의 가격이 기록되어 있다는 가정하에, 총수익률을 계산하는 방법입니다.

– 첫 번째 날짜에서 마지막 날짜까지의 가격을 비교하여 수익률을 계산합니다.

  =(B1-B2)/B2

위 공식에서 B1은 마지막 날짜의 가격, B2는 첫 번째 날짜의 가격입니다.

– 수익률을 백분율로 변환합니다.

  =(B1-B2)/B2*100

따라서 전체 투자 기간의 총수익률을 계산하려면 B1과 B2의 값을 바꾼 다음 위 공식을 사용하여 총수익률을 계산합니다.

그렇다면 10년간의 총수익률을 계산하려면 아래와 같은 공식을 세워야 하겠네요.

$$\frac{(오늘의\ 주가) - (10년\ 전의\ 주가)}{(10년\ 전의\ 주가)}$$

현재 엑셀의 〈계산용〉 시트 구성은 아래와 같습니다.

B128 : 현재 TLT의 주가

B8 : 10년 전의 TLT 주가

D3 : 투자금

이를 토대로 수익률을 계산하여 다음과 같이 D4 셀에 기재했습니다.

f_x	=((B128-B8)/B8)		
C	D	E	F
	종목 1	종목 2	종목 3
티커	VTI	TLT	GLD
투자금	₩40,000,000	₩50,000,000	₩10,000,000
수익률	155%		
현재 가격			

무려 수익률이 155%네요! 현재 가격은 어떻게 구해야 할까요? 초기 가격에 수익을 더하면 쉽게 구할 수 있습니다. 수익을 구하는 방법을 챗GPT에 물어보겠습니다.

👤 수익률을 바탕으로 수익을 구하는 방법을 알려주세요.

💬 주식 투자에서 수익률은 주식 가격의 변동을 나타내는 지표입니다. 수익률을 바탕으로 수익을 구하는 방법은 다음과 같습니다.

초기 투자금액과 주식의 수익률을 사용하여 수익금을 계산합니다.

수익금 = 초기 투자금액 * 주식의 수익률

예를 들어, 초기 투자금액이 10,000,000원이고 수익률이 0.3인 경우, 수익금은 다음과 같이 계산됩니다.

수익금 = 10,000,000 * 0.3 = 3,000,000원

우리의 초기 투자금액은 D3 셀에 기재되어 있으며, 수익률은 D4에 기재되어 있습니다. 그렇다면 수익을 구하려면 아래 수식을 입력하면 되겠네요.

```
=D3 * D4
```

여기에 최초 투자금을 더해 주면 현재 가격이 나올 것이니, 현재 가격을 구하는 수식은 다음과 같습니다.

```
=D3 + (D3 * D4)
```

f_x	= D3 + (D3 * D4)		
C	D	E	F
	종목 1	종목 2	종목 3
티커	VTI	TLT	GLD
투자금	₩40,000,000	₩50,000,000	₩10,000,000
수익률	155%		
현재 가격	₩101,983,640		

4천만 원이 10년 만에 1억 원이 되었네요. 가슴이 두근두근해집니다. 같은 방법으로 옆에 있는 두 종목의 수익률과 현재 가격도 계산하겠습니다.

f_x	= F3 + (F3 * F4)		
C	D	E	F
	종목 1	종목 2	종목 3
티커	VTI	TLT	GLD
투자금	₩40,000,000	₩50,000,000	₩10,000,000
수익률	155%	-15%	10%
현재 가격	₩101,983,640	₩42,599,781	₩11,003,268

자, 이렇게 세 종목의 투자 수익 계산이 모두 끝났습니다. TLT에서 800만 원 손해를 봤지만 VTI에서 6천만 원, GLD에서 100만 원의 이득을 봤네요.

그런데 실제로 TLT의 가격 하락은 배당 때문입니다. TLT는 매년 2~3%가량의 배당을 제공하고, 배당으로 인한 권리락[4]이 발생하며 가격이 조금씩 떨어질 수 있거든요.

만약 TLT의 배당률을 연 3%로 잡고 계산할 경우, 10년간 배당으로 타 간 금액이 17,560,164원으로 계산됩니다. 이 금액을 TLT의 수익에 더해 주면 현재 TLT는 60,159,945원이 된 것이나 다름없고, 실질적인 수익률은 20%가 됩니다.

실질적인 투자 수익률의 계산을 위해 TLT의 현재 가격 칸에 현재 가격과 10년간의 배당금을 모두 더한 숫자를 입력하면 아래와 같습니다.

	fx	60159945	
C	D	E	F
	종목 1	종목 2	종목 3
티커	VTI	TLT	GLD
투자금	₩40,000,000	₩50,000,000	₩10,000,000
수익률	155%	20%	10%
현재 가격	₩101,983,640	₩60,159,945	₩11,003,268

이제 투자 실적 요약 보고서를 작성해 보겠습니다.

---

4 투자자에게 배당금을 주면서 주가를 하락시키는 조정

08

투자 결과 분석 시트 만들기

이제 〈요약〉 시트를 작성해 보겠습니다. 먼저 맨 처음 종목명 셀을 클릭하고 등호를 입력합니다.

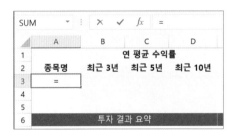

이 상태에서 〈계산용〉 시트를 클릭합니다.

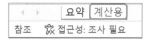

이어서 D2셀에 기재된 첫 번째 종목명을 클릭합니다. 아래와 같이 수식이 작성되며, 다른 시트의 값을 가져올 수 있습니다.

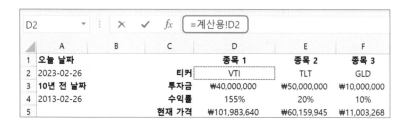

'VTI'라는 종목명이 기재되었습니다. 같은 방법으로 다른 종목명도 가져와 기재합니다.

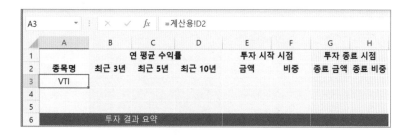

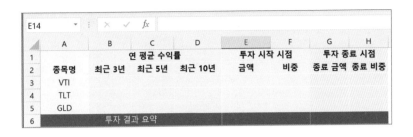

	A	B	C	D	E	F	G	H
1		연 평균 수익률			투자 시작 시점		투자 종료 시점	
2	종목명	최근 3년	최근 5년	최근 10년	금액	비중	종료 금액	종료 비중
3	VTI							
4	TLT							
5	GLD							
6		투자 결과 요약						

종목명을 직접 기재하는 것이 아니라 수식을 통해 가져오면, 추후 〈계산용〉 시트에서 종목명만 바꿔 입력하면 자동으로 투자 시뮬레이터가 수익률을 계산할 수 있습니다.

	A	B	C	D	E	F	G	H
1		연 평균 수익률			투자 시작 시점		투자 종료 시점	
2	종목명	최근 3년	최근 5년	최근 10년	금액	비중	종료 금액	종료 비중
3	VTI				₩40,000,000		₩101,983,640	
4	TLT				₩50,000,000		₩60,159,945	
5	GLD				₩10,000,000		₩11,003,268	
6		투자 결과 요약						

동일한 방법으로 〈계산용〉 시트에서 투자 시작 금액과 종료시점의 금액을 가져옵니다.

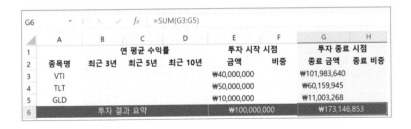

	A	B	C	D	E	F	G	H
1		연 평균 수익률			투자 시작 시점		투자 종료 시점	
2	종목명	최근 3년	최근 5년	최근 10년	금액	비중	종료 금액	종료 비중
3	VTI				₩40,000,000		₩101,983,640	
4	TLT				₩50,000,000		₩60,159,945	
5	GLD				₩10,000,000		₩11,003,268	
6		투자 결과 요약			₩100,000,000		₩173,146,853	

(G6 셀: `=SUM(G3:G5)`)

SUM() 함수를 활용하여 투자 시작 시점과 종료 시점의 금액 총액도 기재했습니다.

각 자산군의 비중을 자동으로 계산하기 위하여 금액을 총합으로
나누어 줍니다.

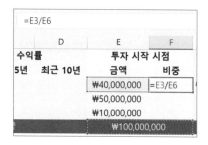

투자 시작 시점과 종료 시점의 각 자산군의 비중 계산이 끝났습니다.

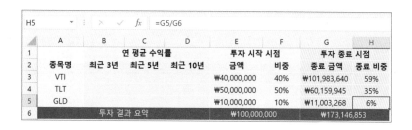

	A	B	C	D	E	F	G	H
H5				fx =G5/G6				
1		연 평균 수익률			투자 시작 시점		투자 종료 시점	
2	종목명	최근 3년	최근 5년	최근 10년	금액	비중	종료 금액	종료 비중
3	VTI				₩40,000,000	40%	₩101,983,640	59%
4	TLT				₩50,000,000	50%	₩60,159,945	35%
5	GLD				₩10,000,000	10%	₩11,003,268	6%
6		투자 결과 요약			₩100,000,000		₩173,146,853	

이제 연평균 수익률을 계산해야겠습니다. 챗GPT에 방법을 물어
봐야겠죠?

엑셀에서 연평균 수익률은 어떻게 계산합니까? 투자 기간은 10년입니다

엑셀에서 연평균 수익률을 계산하는 방법은 다음과 같습니다.

1. 초기 가격과 최종 가격을 사용하여 총수익률을 계산합니다.

   총수익률 = (최종 가격 - 초기 가격) / 초기 가격

2. 투자 기간을 계산합니다.

   투자 기간은 최종 날짜에서 초기 날짜를 뺀 날짜 수입니다. 이 경우,
   투자 기간은 10년이므로 10을 사용합니다.

3. 연평균 수익률을 계산합니다.

   아래 식에서 "^"는 "제곱"을 의미합니다.

   연 평균 수익률 = ((1 + 총수익률) ^ (1 / 투자 기간) - 1) * 100

   따라서 위 식을 엑셀 함수로 표현하면 다음과 같습니다.

   =POWER(1+총수익률, 1/투자 기간)-1

   예를 들어, 초기 가격이 1,000원이고 최종 가격이 2,000원이며, 투자
   기간이 10년인 경우, 총수익률은 100%입니다. 따라서 위 식에 값을
   대입하면 다음과 같습니다.

   =POWER(1+1, 1/10)-1

   위 식을 계산하면, 연평균 수익률이 7.18%임을 알 수 있습니다.

무척이나 친절합니다. 이 방법을 그대로 따라 해도 되지만, 간단
한 프롬프트 엔지니어링을 통해 쉬운 방법을 보여드리겠습니다.

👤 엑셀을 활용해 수익을 분석하고 있다. "계산용" 시트의 D5 셀에 현재 주식의 가격이, D3 셀에는 초기 주식의 가격이 기재되어 있다. 총 투자 기간은 10년일 때, CAGR[5]을 구하는 수식을 작성하시오.

🤖 CAGR(Compound Annual Growth Rate)은 특정 기간 투자한 자금의 성과를 측정하는 지표 중 하나로, 기하평균 수익률을 의미합니다. CAGR을 구하는 수식은 다음과 같습니다.

CAGR = (최종 가격 / 초기 가격) ^ (1 / 기간) - 1

위 식에서 최종 가격은 현재 가격입니다. 이 식을 "계산용" 시트의 셀에 맞게 수정하면 다음과 같습니다.

=(D5/D3)^(1/10)-1

위 수식을 "계산용" 시트에 입력하면 CAGR을 계산할 수 있습니다.

자, 데이터가 들어있는 셀의 이름을 지정해줬더니 이를 고려한 수식을 자동으로 계산해 줬습니다. 〈계산용〉 시트에서 이를 정리해 보겠습니다. 먼저 CAGR 입력을 위해 [삽입(I)] 메뉴를 클릭하여 공간을 추가로 만들겠습니다.

---

5 연평균 수익률

그리고 챗GPT가 작성해준 수식을 그대로 입력합니다. 최근 10년 간의 연평균 수익률은 10%라고 합니다. 마우스를 오른쪽으로 드래그하여 TLT와 GLD의 연평균 수익률도 계산합니다.

D6			fx	=(D5/D3)^(1/10)-1		
	A	B	C	D	E	F
1	오늘 날짜			종목 1	종목 2	종목 3
2	2023-02-26		티커	VTI	TLT	GLD
3	**10년 전 날짜**		투자금	₩40,000,000	₩50,000,000	₩10,000,000
4	2013-02-26		수익률	155%	20%	10%
5			현재 가격	₩101,983,640	₩60,159,945	₩11,003,268
6			10Y CAGR	10%		
7			5Y CAGR			
8			3Y CAGR			

F6			fx	=(F5/F3)^(1/10)-1		
	A	B	C	D	E	F
1	오늘 날짜			종목 1	종목 2	종목 3
2	2023-02-26		티커	VTI	TLT	GLD
3	**10년 전 날짜**		투자금	₩40,000,000	₩50,000,000	₩10,000,000
4	2013-02-26		수익률	155%	20%	10%
5			현재 가격	₩101,983,640	₩60,159,945	₩11,003,268
6			10Y CAGR	10%	2%	1%
7			5Y CAGR			
8			3Y CAGR			

최근 3년, 5년간의 CAGR을 계산해야겠네요. 종가 값을 그대로 활용합시다. 현재 VTI의 가격은 B131 셀에 입력되어 있으며, 이로부터 3년 이전의 가격은 B96 셀에 입력되어 있습니다. 5년 전의 가격은 B72 셀에 입력되어 있고요.

그렇다면 최근 3년간, 5년간의 CAGR을 구하는 수식은 다음과 같습니다. 챗GPT에 물어보고 계산해도 좋으나 지면 관계상 직접 수록합니다.

```
=(B131 / B96) ^ (1 / 3) - 1
=(B131 / B72) ^ (1 / 5) - 1
```

3개 종목의 CAGR 계산을 모두 끝마쳤습니다. TLT의 경우 과거의 배당기록을 일일이 계산하지 않고, 배당락된 주식의 종가만 가져왔으므로 마이너스로 수익률이 표시되고 있습니다.

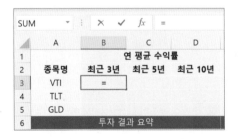

이제 〈요약〉 시트의 빈칸에 등호를 입력하고

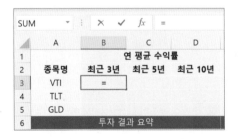

〈계산용〉 시트에서 값을 선택하여 〈요약〉 시트로 보내줍니다.

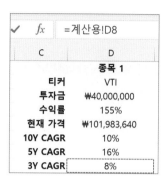

	종목 1
티커	VTI
투자금	₩40,000,000
수익률	155%
현재 가격	₩101,983,640
10Y CAGR	10%
5Y CAGR	16%
3Y CAGR	8%

아래처럼 최종적으로 주식 투자 시뮬레이터가 완성되었습니다!

	A	B	C	D	E	F	G	H
1		연 평균 수익률			투자 시작 시점		투자 종료 시점	
2	종목명	최근 3년	최근 5년	최근 10년	금액	비중	종료 금액	종료 비중
3	VTI	8%	16%	10%	₩40,000,000	40%	₩101,983,640	59%
4	TLT	2%	-15%	2%	₩50,000,000	50%	₩60,159,945	35%
5	GLD	1%	4%	1%	₩10,000,000	10%	₩11,003,268	6%
6	투자 결과 요약				₩100,000,000		₩173,146,853	

여기서 투자금을 회수하려면 전량 매도를 하면 되고, 조금 더 운용하려면 주식을 팔아 그 돈으로 채권과 금을 일부 매수하면 됩니다. 이처럼 투자 도중에 자산의 비중을 재조정하여 초기 비중으로 되돌리는 행위를 리밸런싱Rebalancing이라고 합니다.

주식 투자 시뮬레이터 활용

이제 여러분은 자동화된 주식 투자 시뮬레이션을 할 수 있게 되었습니다. 〈계산용〉 시트의 〈VTI〉를 삭제하고 〈AAPL〉로 교체하여, 만약 TLT 대신 애플에 투자했다면 얼마나 수익을 얻을 수 있는지 계산해 보겠습니다.

〈계산용〉 시트의 티커명을 VTI에서 AAPL로 바꿨습니다. 하단의
수익률 계산이 자동으로 업데이트됩니다.

	A	B	C	D	E	F
	D2		fx	AAPL		
1	오늘 날짜			종목 1	종목 2	종목 3
2	2023-02-26		티커	AAPL	TLT	GLD
3	10년 전 날짜		투자금	₩40,000,000	₩50,000,000	₩10,000,000
4	2013-02-26		수익률	831%	20%	10%
5			현재 가격	₩372,258,838	₩60,159,945	₩11,003,268
6			10Y CAGR	25%	2%	1%
7			5Y CAGR	32%	-15%	4%
8			3Y CAGR	28%	-4%	6%

연평균 수익률도 자동으로 업데이트되었습니다!

	A	B	C	D	E	F	G	H
1		연 평균 수익률			투자 시작 시점		투자 종료 시점	
2	종목명	최근 3년	최근 5년	최근 10년	금액	비중	종료 금액	종료 비중
3	AAPL	28%	32%	25%	₩40,000,000	40%	₩372,258,838	84%
4	TLT	2%	-15%	2%	₩50,000,000	50%	₩60,159,945	14%
5	GLD	1%	4%	1%	₩10,000,000	10%	₩11,003,268	2%
6	투자 결과 요약				₩100,000,000		₩443,422,051	

이제 여러분이 특정 종목에 투자하고 싶은 마음이 생기거나, 투자
전략을 점검하고 싶다면 투자 시뮬레이터를 활용하여 수익률을 점
검하면 되겠습니다.

10

챗GPT의 투자 전략이
73% 수익률을 달성한 비결

챗GPT가 제안한 투자 전략은, 시뮬레이션 결과 73%의 수익률을 보여줬습니다. 어떻게 이렇게 높은 수익률을 달성할 수 있었을까요? 사실 그 정답은 프롬프트 엔지니어링에 있습니다.

먼저 챗GPT는 실시간 정보 수집이 불가능하다는 사실을 인지해야 합니다. 그러므로 챗GPT가 현재의 주식시장 상황에 대한 정보를 수집하는 것은 불가능합니다. 그래서 프롬프트 엔지니어링을 통해 챗GPT에 다양한 투자 포트폴리오의 구성과 각각의 수익률, 최대 낙폭 등의 정보를 제공했습니다.

이어서 현재의 인플레이션 지수 등 경제 상황을 입력했습니다. 이를 토대로 챗GPT는 현재 경제 상황을 고려하였을 때 가장 최선의 투자 방법을 설계할 수 있게 되었고요.

마지막으로 투자의 목표를 확실하게 제공했습니다. 투자금, 투자 기간, 투자의 방향성과 목표를 명확하게 제시하면서 포트폴리오의 설계를 요청하였고, 챗GPT는 현대 포트폴리오 이론에 따라 각 지표의 위험성을 분석하여 안정적인 자산 운용 전략을 제시해줬습니다.

이때 특정 회사 하나를 구매한 것이 아니라, 섹터별로 추천받으며 분산투자의 이점도 확실하게 가져갔고요.

이런 점들이 맞물려 챗GPT가 제안한 투자 전략이 효용성을 발휘한 것입니다.

따라서 GPT를 투자에 활용하려는 경우 종목의 추천이나 단기투자를 위한 전략보다는, 다양한 금융공학적 지식과 이론을 토대로 하여 투자의 방향성과 전략을 설계하는 용도로 활용하는 것이 좋습니다.

GPT와 엑셀이 만나면 금융공학 전공자가 아닌 사람도 이처럼 과학적인 방식으로 투자 전략을 설계할 수 있습니다.

부디 '나는 엑셀에서 사용하는 기능이 별로 없는데?'라고 생각하고 넘어가기보다는, GPT를 24시간 대기 중인 나만의 전문가로 활용하며 다양한 시도에 도전해보기를 바랍니다.

본문에서 소개된 예제는 경제 상황에 따라 수익률이 크게 변동할 수 있으며, 이를 그대로 따라 투자하더라도 손실에 대하여 책임질 수 없습니다.

자동화된 투자 자산 관리와 포트폴리오 전략에 대한 더 자세한 정보는 저자가 집필한 전자책인 『내 자산 자동으로 관리하기』를 참고하기를 바랍니다.

☞ 〈내 자산 자동으로 관리하기〉 전자책 구매 링크

http://m.site.naver.com/16lVd

이 챕터에서 사용된 예제인 〈투자 시뮬레이터.xlsx〉는 생능출판사 홈페이지에서 다운로드할 수 있습니다.

☞ 생능출판사 홈페이지(https://booksr.co.kr/)에서 회원가입 후 '챗GPT'로 검색

→ 해당 도서명을 찾아 클릭 → [보조자료]에서 다운로드

OpenAI

ChatGPT

Loading...

Chapter 08

생산성 인플레이션

생산성의 인플레이션은 코앞으로 다가와 있습니다. 본문에서 다룬 예시뿐 아니라, 2023년 3월 공개된 GPT-4가 감당할 수 있는 수많은 기능이 그 기폭제가 될 것입니다.

단적으로만 살펴보겠습니다. GPT-4는 멀티모달 태스크^{Multi-modal} task[1]를 수행할 수 있습니다. 단순히 텍스트를 생성하는 것으로 그치는 것이 아니라, 그림이나 영상을 보고 이를 이해할 수 있습니다. 만화를 그려낼 수도 있습니다. 텍스트를 입력받아 그림이나 동영상을 생성해 낼 수도 있고요.

2023년 3월에는 챗GPT에 GPT-4의 채팅 기능만 우선 탑재되었습니다만, 나중에 다른 기능들이 공개된다면 유튜버나 만화가들의 영역까지도 챗GPT가 야금야금 침투할 것입니다.

그 시기가 오기 전, 빠르게 기회를 잡는 사람이 앞서나갈 것입니다. 생산성 인플레이션이 찾아올 것은 명백한 사실입니다. 인플레이션 시대에 살아남으려면 유동성 공급자의 편에 서야 합니다. 따라서 여러분은 과다한 생산량을 공급하는 입장이 돼야 합니다.

책에서 소개한 유튜브 사례를 예를 들어 보겠습니다.

스톡 비디오를 편집하여 영상을 하나 만드는 과정은, 조금만 숙달되면 3분 안에도 마무리할 수 있습니다. 컴퓨터의 성능이 매우 낮아 인코딩에 5분가량 소요된다고 가정하면, 업로드에 걸리는 시간까지 포함하여 대략 영상 한 편에 10분 정도가 필요합니다. 하루 풀타임으로 영상을 찍어낸다면 48개의 영상을 제작하여 업로드할 수 있다

---

1 한 개의 AI가 여러 가지 작업 수행 능력을 동시에 보유하는 것.

는 계산이 나오네요.

일반적인 근로자만큼 시간을 투입할 경우, 자극적인 소재의 영상만 올리는 유튜브 채널을 48개 만들어 하루에 하나씩 영상을 올릴 수 있다는 이야기입니다. 사회적으로 이목이 쏠리는 자극적인 소재를 다루는 채널을 48개나 운영한다면, 여러분의 안목에 커다란 문제가 있지 않은 한 수익이 날 수밖에 없는 구조입니다. 이미 해외는 물론, 국내에서도 AI를 활용한 자동 영상 제작 툴이 판매되고 있습니다. 국내의 경우 그 가격은 약 12만 원입니다. 공급 폭탄이 수요를 넘어서는 순간은 머지않아 찾아올 것입니다. 그러므로 하루라도 빨리, 여러분이 먼저 앞장서 생산성의 공급 폭탄을 터뜨려야 합니다. 제로섬 게임으로 변질되기 전에 이득을 보기 위해서요.

이제는 AI의 지적 능력이 어느 정도에 도달하였는지가 중요한 것이 아닙니다. AI의 생산성 덤핑을 견뎌낼 수 있는지가 중요하지요. 작업물 하나하나의 수준이 인간 전문가의 작업보다는 많이 부족하지만, 공급 폭탄이 터진다면 그 자체가 하나의 커다란 가치를 형성할 수도 있습니다.

챗GPT 시리즈의 첫 번째 책인 『챗GPT: 마침내 도달한 특이점』을 집필한 뒤 정말 많은 곳으로부터 강연이나 협업, 기고 요청을 받았습니다.[2] 그중 모 전문직 협회와의 협업 경험에 대해 말해보려고 합니다.

---

2 여담으로, 공공기관의 요청은 특별한 사정이 없으면 모두 거절했고, 회사로 연락해주신 분도 모두 거절하였습니다. 왜 회사로 연락을 하는 걸까요?

챗GPT의 활용 가능성에 대한 말씀을 요청하시기에 챗PDF^{https://}chatpdf.com를 활용하여 해당 전문직 사무실의 직원들을 태블릿 PC로 대체하는 구체적인 방법이나, 챗GPT API를 탑재한 자동화된 키오스크를 제작하여 제휴 업체에 설치하는 방안, 그리고 카카오톡 비즈니스 계정 채널을 활용하여 자동화된 상담 봇을 제작하는 식으로 다른 지역의 고객들을 뺏어오는 방법에 대해 말씀드렸습니다.

협회 측에서는 발 빠르게 앞장서 나갈 수 있는 소수가, 이미 자리 잡은 기득권들을 죽이고 밥그릇을 빼앗아 올 수 있다는 구체적인 시나리오에 기겁을 하셨습니다.

"그런 이야기를 공개적으로 전달하면 정말 모두 죽습니다."

더는 할 말이 없어지더군요.

눈 가리고 아웅 할 단계는 이미 한참 전에 지난 것 같은데, 협회에 소속된 연세 많으신 전문가들께서 심기가 불편해질 수 있으니 그런 내용은 부적절하다는 대응에 속으로 많은 말을 삼켰습니다. 아마 이 집단에서는 더욱 쉽게, 별다른 저항을 만나보지도 못한 채로, 앞서 나가는 소수가 모두의 밥그릇을 뺏어갈 것 같기도 합니다.

그런데 아마 국내의 다른 많은 기관이나 단체에서 비슷한 입장을 보이고 있을 것입니다. 더 구체적인 예시를 수록하고 싶지만, 이 지면에서 언급된 분들께서 기분 나빠 하실 것으로 생각하여 힘들겠네요.

인플레이션 상황에서 유동성 공급자가 되기 힘들다면, 경제 상황에 영향을 받지 않는 불변의 자산을 보유하고 있어야 합니다.

여러분은 어떤 자산을 보유하고 계십니까?

GPT-4에 SAT 시험을 풀게 시켰더니 상위 10% 수준을 보였고, 변호사시험에서도 상위 10% 수준의 성적이 나왔답니다. SAT 성적을 표준편차 15로 잡고 계산하면 IQ 120가량에 해당합니다. 변호사시험 응시자들을 일반인 중 상위 10%라 가정할 경우, 변호사시험 성적을 토대로 계산한 IQ는 140가량입니다.

이미 챗GPT는 대부분 인류보다 똑똑합니다.

살아남기 위해 어떤 준비를 하고 계십니까?

챗GPT 부업 시 세금 처리 방법

어떤 세금을 납부하게 되나요?

이 책에서 소개한 부업은 크게 광고수입과 인세로 구분할 수 있습니다. 광고수입은 또다시 국내업체를 통한 수입과 해외업체를 통한 수입으로 나뉘게 됩니다. 이를 가볍게 소개해 보겠습니다.

업종과 원천징수

여러분이 영위할 업종은 〈기타 개인 서비스업〉에 해당합니다. 일반적으로 세금 신고는 물건을 팔고서 돈을 받은 쪽에서 수행하는 경우가 많습니다만, 〈기타 개인 서비스업〉의 경우는 대부분 인적 용역을 제공하다 보니 돈을 지급하는 쪽에서 근로소득과 비슷한 방식으로 처리하는 경우가 많습니다. 마치 직장의 월급처럼 업체 측에서 세금을 원천징수하고 세후소득을 바로 여러분의 계좌로 입금하는 형태가 됩니다.

소득이 비정기적이고 일시적이라면 기타소득으로 분류하여 8.8%의 세금을 원천징수로 납부하게 되며, 반복하여 수행되는 작업으로 인하여 발생하는 소득이라면 사업소득으로 분류되어 3.3%의 세금을 납부하게 됩니다.

사업자등록이 필요한가요?

〈기타 개인 서비스업〉을 영위하고 계시며, 세금 신고를 여러분이 아니라 돈을 지급하는 업체 측에서 처리하는 경우 여러분이는 사업자등록을 할 필요가 없습니다. 하지만 여러분의 부업이 자리를 잡기 시작한다면 사업자등록이 필요할 수 있습니다.

누진세

과세표준	세율	누진세액공제
~ 1,400만 원	6%	–
1,400만 원 ~ 5,000만 원	15%	108만 원
5,000만 원 ~ 8,800만 원	24%	522만 원
8,800만 원 ~ 1.5억 원	35%	1,490만 원
1.5억 원 ~ 3억 원	38%	1,940만 원
3억 원 ~ 5억 원	40%	2,540만 원
5억 원 ~ 10억 원	42%	3,540만 원
10억 원 초과	45%	6,540만 원

사업자등록이 필요한 첫 번째 사례는 누진세의 회피가 필요한 경우입니다.

여러분이 열심히 부업을 해서 돈을 벌었다면, 이듬해 5월에 여러분의 소득을 모두 합산한 다음 과세표준액에 따라 정확한 세금을 다시 계산합니다. 계산된 세금과 여러분이 원천징수로 미리 납부한 세금을 비교하여, 미리 낸 세금이 많다면 그만큼의 돈을 돌려줍니다.

만약 여러분이 미리 낸 세금이 누진세에 걸려 부족해진다면 세금을 추가로 납부해야 합니다.

그런데 사실 기타소득과 사업소득의 세율은 20%입니다. 여러분이 납부한 3.3%나 8.8%의 세금은, '이 정도 수입을 내는 데에 60%가량의 비용이 발생했을 것 같으니 소득에서 이만큼은 제외해 주자.'라는 계산을 거쳐 임시로 계산된 것입니다.

예를 들어, 100만 원에서 60%를 경비로 인정하면 실제 소득은

40만 원이 되며, 이것의 20%인 8만 원의 국세가 발생하고, 국세의 10%인 8천 원의 지방세가 발생합니다. 결과적으로 세금이 88,000원 발생한 것이므로 100만 원의 8.8%가 됩니다. 이때 60%의 수치를 단순경비율이라고 부릅니다.

그런데 직전 연도 세후 수입이 2,400만 원을 넘어가면 더 이상 단순경비율이 적용되지 않습니다! 여러분이 직접 장부를 작성하여, 돈을 버는 과정에서 발생한 경비를 입증하지 않는다면 소득의 40%에서 세금을 떼는 것이 아니라 전체 소득에서 세금을 떼어 갑니다. 누진세까지 적용해서요!

따라서 만약 블로그나 유튜브 수입이 2,400만 원을 넘었다면 '내년에는 사업자등록을 해야겠구나.'라고 생각해야 합니다. 장부 작성도 필요할 수 있으니 마음 편하게 자동 기장 서비스를 구매하고 사업자 전용 신용카드도 등록하세요. 사업자용 카드로 긁고 다닌 내역을 자동으로 장부에 기입해 주는 유용한 서비스들이 많이 나와 있습니다.

이때부터는 여러분의 수입에서 장부에 기재된 비용을 뺀 금액을 여러분의 소득으로 보고, 여기에서 세금을 떼어 갑니다.

만약 부업이 정말 잘 되어 올해 소득이 7,500만 원을 넘어가면 내년부터는 복식부기[1] 의무자가 되므로 세무사도 선임하셔야 합니다.

---

1 현금 흐름의 액수뿐 아니라 원인까지도 기재해야 하는 복잡한 회계 방식

해외 광고수입은 어떻게 처리해야 하나요?

유튜브나 애드센스 등 구글을 통해 발생한 수입은 해외로부터 지급받게 되는 소득이므로, 해외에서 별도로 세금 신고를 하지 않은 세전 수입을 그대로 지급받게 됩니다. 따라서 여러분이 직접 세금 신고를 해야 합니다.

하지만 부가가치세법에 따라 구글을 통해 벌어온 돈은 〈수출〉로 분류되며, 부가가치세를 납부하지 않아도 됩니다. 따라서 부가가치세는 0원이 발생합니다. 그렇다고 세금 신고를 하지 않아도 되는 것은 아니고, 세금을 0원으로 기재하여 소득을 신고해야 합니다. 그리고 추후 5월 종합소득신고 시기에 소득세를 납부하게 됩니다.

이 과정이 몹시 번거롭습니다.

구글 수입은 누적 수입이 $100 이상 되어야 출금할 수 있습니다. 따라서 한동안 수입을 출금하지 않고 수입이 쌓이는 속도를 지켜보시다가 사업자등록 여부를 판단하는 것이 좋겠습니다. 만약 생각보다 빠르게 돈이 쌓이고 있다면 당장 사업자등록을 하고, 세무 대리인을 통해 세금 신고를 진행하는 것이 바람직합니다.

직장에서 부업 사실을 알 수 있나요?

개인정보 조회 동의서를 제출하지 않은 경우라면 일반적으로 회사에서 여러분의 부업 사실을 알기는 힘듭니다. 다만, 회사에서 주는 월급에 비하여 소득이 많이 커지게 되면 건강보험료가 오르게 되어, '갑자기 이 직원이 왜 건보료를 이렇게 많이 뜯길까?'하는 의구

심을 가질 수는 있겠습니다. 이때에도, 배당소득이나 부동산 임대료도 종합소득으로 분류되므로 투자를 잘했다고 우기면 회사 입장에서 할 말이 없어지기는 합니다.

단, 여러분이 직원을 고용하게 된다면 여러분은 직원 중 가장 급여가 많은 사람을 기준으로 잡아 직장가입자로 국민연금과 건강보험에 가입하게 됩니다. 여러분의 직장에 가입된 4대 보험은 유지되지만, 만약 여러분의 4대 보험 자격득실확인서를 제출할 일이 생긴다면 바로 부업 사실이 들통나게 됩니다.

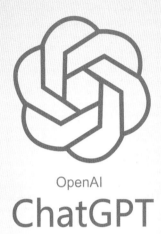

OpenAI

ChatGPT

Loading...

부록 2

프롬프트 엔지니어링 레시피 모음

부록 2에는 Chapter 3, 6, 7에 나오는 프롬프트 엔지니어링 과정을 수록하였습니다. 이 과정은 챗GPT의 답변 퀄리티를 높이는 중요한 과정이지만 이 과정 없이도 본문 내용을 이해하는 데 무리가 없어 부록으로 수록하였습니다. 프롬프트 엔지니어링 과정이 궁금한 독자들은 부록 전체를 간략히 훑어보면서 대략 이러한 과정을 거쳤다고 이해하면 됩니다.

아래 내용은 본문 61페이지에 나오는 미드저니 프롬프트 작성 규칙의 프롬프트 엔지니어링 과정입니다. 여기서 영어가 자주 등장하는 이유는 미드저니의 프롬프트 작성 규칙이 영어로 되어 있기 때문입니다.

> 지금부터 Midjourney라는 인공지능 서비스의 prompt 작성 규칙에 대하여 설명하겠습니다.

> 알겠습니다. Midjourney라는 인공지능 서비스의 prompt 작성 규칙에 대해 설명해주세요.

> 1. 프롬프트는 항상 /imagine 명령어로 시작합니다

> 알겠습니다. Midjourney 서비스에서는 프롬프트가 항상 "/imagine" 명령어로 시작해야 합니다. 이 명령어는 사용자가 Midjourney 서비스를 사용하기 위한 시작점이 되며, 이후에 사용자가 입력한 내용을 기반으로 인공지능이 응답을 생성합니다.

> 2. /imagine 명령어 이후 프롬프트의 본문을 입력합니다

> 맞습니다. /imagine 명령어 이후에는 사용자가 원하는 주제나 질문 등을 포함한 프롬프트 본문을 입력해야 합니다. 이 본문은 Midjourney 인공지능 모델이 응답을 생성할 때의 기반 자료가 됩니다. 따라서 가

능한 구체적이고 명확한 내용을 입력하는 것이 좋습니다. 예를 들어,
"/imagine a world where humans can fly"와 같은 구체적인 프롬프
트를 입력할 수 있습니다.

 Q – How can I prompt for skin color, culture, ethnicity, nationality,
diversity?

Use cultural, ethnic, and national terms to invoke skin color and
more. Even use your emoji flags!Respectfully prompting ethnicities,
nationalities, and cultures will allow you to create diversity and
broaden representation in your art. Give it a try!

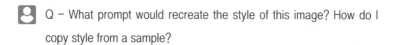 Yes, using cultural, ethnic, and national terms can be a good way
to prompt for diversity in your Midjourney AI-generated content.
Here are some examples of prompts that include such terms:

  · /imagine a world where people of all cultures live in harmony.

  · /imagine a diverse and inclusive workplace where people of
    different ethnicities and nationalities collaborate.

  · /imagine a fantasy setting inspired by African mythology.

…(후략)

 Q – What prompt would recreate the style of this image? How do I
copy style from a sample?

The answer is: Don't leave the style up to Midjourney! Create the
style yourself by crafting style phrases like surreal, impasto, oil on

canvas, muted colors, hand-drawn by Matt Groening (or whatever). Your style phrase, used again exactly as written in another prompt, will unlock roughly the same style every time you use it. If you want to keep a library of styles on hand for quick reuse, keeps a note of style phrases and copy/paste them into your prompts anytime you like. You can learn more about style words here: BUT! If you did NOT craft your own style, if Midjourney came up with one for you, then, sad trombone, you're stuck using the 'copy style' workflow below to get a starter prompt that might help you capture it. So! If you have an image and want a prompt that makes more images in the same style, use this process: Use your favorite img2prompt tool.

* 참고: 위 내용은 미드저니 디스코드 채널의 프롬프트 팁을 복사하여 입력하였습니다.

 To recreate the style of a specific image, you can use the style of the image as a reference and try to include specific style phrases in your prompt. For example, if the image has a surrealistic style, you can use phrases like "create a surreal image" or "imagine a scene with dreamlike elements" in your prompt. If the image has a painting-like quality, you can use phrases like "create an image with impasto brushstrokes" or "imagine a painting-like scene with vivid colors".

…(후략)

How do I use image prompts for consistent faces? (--v 3 tip)

Short version:

STEP 0 - (optional) Use a model face. This can be a selfie, a picture of a friend (get permission!), or a random GAN face generated from thispersondoesnotexist.com (shown here), all are useful for nudging MJ off "generic" stubble-jawed men and pale brunette women. STEP 1 - Generate one headshot portrait on a blank background by describing age/sex/ethnicity and facial features but no clothing or setting; I advise --s 1250 or less for this step, and --iw 1 if proceeding off step 0. I tend to use pencil sketches for this step but that's arbitrary.

STEP 2 - Generate a few more headshot portraits image prompted off that first one, in different mediums (change "color pencil sketch" in the text to "digital matte painting" or vice versa). Recommend slightly lowering --s to 975 and --iw to 0.75. Again, this is arbitrary, pick any styles/mediums, the point is to add variety to the images' style cues but consistency to the character.

STEP 3 - With this "bank" of headshot images, you can now text prompt them in different settings, poses, costumes, alter their facial expressions, or anything else. Remember, both --s and --iw represent trade-offs between "loyalty" to the prompt and creativity/ coherency in different ways so you should experiment for your own purposes.

To use image prompts for consistent faces in Midjourney, you can follow these steps:

Step 0: (Optional) Use a model face. This can be a selfie, a picture of a friend (with permission), or a GAN-generated face from thispersondoesnotexist.com. Having a starting point can help steer Midjourney away from generic-looking faces.

Step 1: Generate one headshot portrait on a blank background by describing age, sex, ethnicity, and facial features, but no clothing or setting. You can use a pencil sketch or any other medium for this step, but I advise using a smaller image size (--s 1250 or less) and an image weight of 1 (--iw 1) if proceeding from Step 0.

…(후략)

 Can I make a selfie?

(V4 Tip)Yes, you can make creative "selfies" quickly using /blend (see steps below) but the output won't look exactly like the input. Reference image(s) are only ever influences, so you will not (for example) be able to recreate the exact likeness of yourself, your loved ones, objects, pets, or celebrities. That said, let's imagine you want a picture of yourself standing next to a horse. Random example. Why not, right? Right. Right? Ok. First, turn off Remix. Now write a prompt describing someone who looks roughly like you… standing next to a horse. Use vrolls and rerolls to make the image you want, upscale it, and grab its URL. Next, place the URL of your actual selfie and the URL of the "someone roughly like you" image from above into the /blend command.

Yes, you can use Midjourney's /blend command to create creative "selfies" that incorporate the likeness of a person (including yourself) with other images or styles. Here are the steps to follow:

1. Turn off Remix by adding the flag "――remix off" to your prompt. This will ensure that Midjourney does not generate entirely new content from scratch.

2. Write a prompt that describes a person who looks roughly like you standing next to a horse. Use vrolls and rerolls as needed to fine-tune the image until you get something that is close to what you have in mind.

…(후략)

 How can I get two or more distinct subjects?

It's hard to keep multiple subjects from blending because an /imagine job doesn't have a lot of memory (think RAM). Recommended Method: Create ANY two subjects, then use remix to make them the two subjects YOU want. Please click here for step-by-step instructions. Here is a less reliable back-up method: Directly prompt what you're chasing, then remix to add coherency. The reinforcement (two invocations against the same scaffolding) seems to snap the subjects into place.Use the invoke method to create an image of your two actual subjects. (Feel free to use ――v 4.) Say you want a polar bear and a penguin walking together. A good invoke prompt to keep them distinct might be: A polar bear and his pet penguin walk together in snow. Don't worry if "pet" is the wrong relationship. The invoke method says to use stock situations to invoke the image you want, and owner/pet is an archetype that involves two clear subjects. You can use any invoke relationship you like for this. Also pick a second back-up phrase, you'll use it in step #3.

To prompt for two or more distinct subjects in Midjourney-generated content, there are a couple of methods you can try:

1. Use the remix feature to fine-tune your prompt: Create any two subjects in your prompt, and then use the remix feature to make them the two subjects you want. This is because Midjourney doesn't have a lot of memory, so it's hard to keep multiple subjects from blending. You can use the remix feature to refine the image and make sure the subjects are distinct.

…(후략)

How do I make coloring book pages?

There's no one guaranteed prompt for making a perfect coloring book page. Some people love thick lines and big simple areas to color. Other people like greyscale coloring. Still other people love exquisite details to fill in. Some people like black fills and some people don't. The fact is, even with a reliable coloring page prompt, the SUBJECT of the coloring page is going to have some play in what you'll get back! To see this in action, check out this recommended coloring page template (below) and how it changes as the subject changes! And then keep scrolling to see a guide for fantastic greyscale coloring pages as well.

While there is no one guaranteed prompt for making a perfect coloring book page in Midjourney, there are some tips and tricks you can use to generate coloring book-style images. Here are some suggestions:

1. Use simple line art: When creating your prompt, try to use simple line art with thick lines and clear areas for coloring. Avoid too many details or intricate patterns, which can be difficult for users to color in.
2. Choose a single subject: Focusing on a single subject, like an animal or a plant, can help ensure that the coloring book page has a consistent theme and style.

…(후략)

 Prompting Notes

Prompt Length

Prompts can be very simple. Single words (or even an emoji!) will produce an image. Very short prompts will rely heavily on Midjourney's default style, so a more descriptive prompt is better for a unique look. However, super-long prompts aren't always better. Concentrate on the main concepts you want to create.

Grammar

The Midjourney Bot does not understand grammar, sentence structure, or words like humans. Word choice also matters. More specific synonyms work better in many circumstances. Instead of big, try gigantic, enormous, or immense. Remove words when possible. Fewer words mean each word has a more powerful influence. Use commas, brackets, and hyphens to help organize your thoughts, but know the Midjourney Bot will not reliably interpret them. The Midjourney Bot does not consider capitalization.Midjourney Model Version 4 is slightly better than other models at interpreting traditional sentence structure.

Focus on What you Want

It is better to describe what you want instead of what you don't want. If you ask for a party with "no cake," your image will probably include a cake. If you want to ensure an object is not in the final image, try advance prompting using the —no parameter.

Think About What Details Matter

Anything left unsaid may surprise you. Be as specific or vague as you want, but anything you leave out will be randomized. Being vague is a great way to get variety, but you may not get the specific details you want. Try to be clear about any context or details that are important to you. Think about:

Subject: person, animal, character, location, object, etc.
Medium: photo, painting, illustration, sculpture, doodle, tapestry, etc.
Environment: indoors, outdoors, on the moon, in Narnia, underwater, the Emerald City, etc.
Lighting: soft, ambient, overcast, neon, studio lights, etcColor: vibrant, muted, bright, monochromatic, colorful, black and white, pastel, etc.
Mood: Sedate, calm, raucous, energetic, etc.
Composition: Portrait, headshot, closeup, birds—eye view, etc.

Use Collective Nouns

Plural words leave a lot to chance. Try specific numbers. "Three cats" is more specific than "cats." Collective nouns also work, "flock of birds" instead of "birds."

 These are some helpful prompt writing tips to keep in mind when using Midjourney:

1. Prompt Length: Simple prompts can be a single word or emoji, but more descriptive prompts will yield more unique results. However, too many words can dilute the impact of your message, so focus on the key concepts.

2. Grammar: Midjourney doesn't understand grammar, so it's important to choose your words carefully. Be specific with your synonyms and try to remove unnecessary words. Midjourney does not consider capitalization, so it's not important to use it.

…(후략)

 Q – How do I remove splits, borders, frames, panels?

1. It has a picture frame? Usually, something in the prompt makes Midjourney think you're asking for the art object itself (like a painting). Experiment by changing your word choice and/or word position for any terms that could be interpreted as art objects. If all else fails, try adding interior decor::−0.3 to the beginning of the prompt

2. It has a border? This typically occurs when an image reference has a different aspect ratio than the aspect ratio of its output. But if

you're not using an image reference, try adding a scan of to the front of the prompt, or add scanned to the end of the prompt. You can add borderless to the end of the prompt, or even close-up.

 To remove splits, borders, frames, or panels in Midjourney-generated content, there are a few things you can try depending on the specific issue:

1. If your generated image has a picture frame: This often occurs when something in the prompt makes Midjourney think you're asking for the art object itself, like a painting. To avoid this, experiment with changing your word choice and/or word position for any terms that could be interpreted as art objects. If that doesn't work, you can try adding "interior decor::-0.3" to the beginning of the prompt.

…(후략)

 Prompting Notes

Prompt Length

Prompts can be very simple. Single words (or even an emoji!) will produce an image. Very short prompts will rely heavily on Midjourney's default style, so a more descriptive prompt is better for a unique look. However, super-long prompts aren't always better. Concentrate on the main concepts you want to create.

Grammar

The Midjourney Bot does not understand grammar, sentence

structure, or words like humans. Word choice also matters. More specific synonyms work better in many circumstances. Instead of big, try gigantic, enormous, or immense. Remove words when possible. Fewer words mean each word has a more powerful influence. Use commas, brackets, and hyphens to help organize your thoughts, but know the Midjourney Bot will not reliably interpret them. The Midjourney Bot does not consider capitalization. Midjourney Model Version 4 is slightly better than other models at interpreting traditional sentence structure.

Focus on What you Want

It is better to describe what you want instead of what you don't want. If you ask for a party with "no cake," your image will probably include a cake. If you want to ensure an object is not in the final image, try advance prompting using the —no parameter.

Think About What Details Matter

Anything left unsaid may surprise you. Be as specific or vague as you want, but anything you leave out will be randomized. Being vague is a great way to get variety, but you may not get the specific details you want.Try to be clear about any context or details that are important to you. Think about:

Subject: person, animal, character, location, object, etc.

Medium: photo, painting, illustration, sculpture, doodle, tapestry, etc.

Environment: indoors, outdoors, on the moon, in Narnia, underwater, the Emerald City, etc.

Lighting: soft, ambient, overcast, neon, studio lights, etcColor: vibrant, muted, bright, monochromatic, colorful, black and white, pastel, etc.

Mood: Sedate, calm, raucous, energetic, etc.

Composition: Portrait, headshot, closeup, birds-eye view, etc.

Use Collective Nouns

Plural words leave a lot to chance. Try specific numbers. "Three cats" is more specific than "cats." Collective nouns also work, "flock of birds" instead of "birds."

 These are some helpful prompt writing tips to keep in mind when using Midjourney:

1. Prompt Length: Simple prompts can be a single word or emoji, but more descriptive prompts will yield more unique results. However, too many words can dilute the impact of your message, so focus on the key concepts.

2. Grammar: Midjourney doesn't understand grammar, so it's important to choose your words carefully. Be specific with your synonyms and try to remove unnecessary words. Midjourney does not consider capitalization, so it's not important to use it.

…(후략)

 Can I make a selfie?

(V4 Tip)Yes, you can make creative "selfies" quickly using /blend (see steps below) but the output won't look exactly like the input. Reference image(s) are only ever influences, so you will not (for example) be able to recreate the exact likeness of yourself, your loved ones, objects, pets, or celebrities. That said, let's imagine you want a picture of yourself standing next to a horse. Random example. Why not, right? Right. Right? Ok. First, turn off Remix. Now write a prompt describing someone who looks roughly like you... standing next to a horse. Use vrolls and rerolls to make the image you want, upscale it, and grab its URL. Next, place the URL of your actual selfie and the URL of the "someone roughly like you" image from above into the /blend command.

 Yes, you can use Midjourney's /blend command to create creative "selfies" that incorporate the likeness of a person (including yourself) with other images or styles. Here are the steps to follow:

1. Turn off Remix by adding the flag "--remix off" to your prompt. This will ensure that Midjourney does not generate entirely new content from scratch.
2. Write a prompt that describes a person who looks roughly like you standing next to a horse. Use vrolls and rerolls as needed to fine-tune the image until you get something that is close to what you have in mind.

   ···(후략)

 How can I get two or more distinct subjects?

It's hard to keep multiple subjects from blending because an /imagine job doesn't have a lot of memory (think RAM). Recommended Method: Create ANY two subjects, then use remix to make them the two subjects YOU want. Please click here for step-by-step instructions. Here is a less reliable back-up method: Directly prompt what you're chasing, then remix to add coherency. The reinforcement (two invocations against the same scaffolding) seems to snap the subjects into place.Use the invoke method to create an image of your two actual subjects. (Feel free to use --v 4.) Say you want a polar bear and a penguin walking together. A good invoke prompt to keep them distinct might be: A polar bear and his pet penguin walk together in snow. Don't worry if "pet" is the wrong relationship. The invoke method says to use stock situations to invoke the image you want, and owner/pet is an archetype that involves two clear subjects. You can use any invoke relationship you like for this. Also pick a second back-up phrase, you'll use it in step #3.

 To prompt for two or more distinct subjects in Midjourney-generated content, there are a couple of methods you can try:

1. Use the remix feature to fine-tune your prompt: Create any two subjects in your prompt, and then use the remix feature to make them the two subjects you want. This is because Midjourney doesn't have a lot of memory, so it's hard to keep multiple subjects from blending. You can use the remix feature to refine the image and make sure the subjects are distinct.

…(후략)

Q – How do I remove splits, borders, frames, panels?

1. It has a picture frame? Usually, something in the prompt makes Midjourney think you're asking for the art object itself (like a painting). Experiment by changing your word choice and/or word position for any terms that could be interpreted as art objects. If all else fails, try adding interior decor::-0.3 to the beginning of the prompt

2. It has a border? This typically occurs when an image reference has a different aspect ratio than the aspect ratio of its output. But if you're not using an image reference, try adding a scan of to the front of the prompt, or add scanned to the end of the prompt. You can add borderless to the end of the prompt, or even close-up.

To remove splits, borders, frames, or panels in Midjourney-generated content, there are a few things you can try depending on the specific issue:

1. If your generated image has a picture frame: This often occurs when something in the prompt makes Midjourney think you're asking for the art object itself, like a painting. To avoid this, experiment with changing your word choice and/or word position for any terms that could be interpreted as art objects. If that doesn't work, you can try adding "interior decor::-0.3" to the beginning of the prompt.

…(후략)

아래 내용은 본문 135페이지에 나오는 동화 20종의 프롬프트 엔지니어링 과정입니다.

> 👤 대체로 널리 알려진 백설 공주 이야기의 대략적인 줄거리는 다음과 같다.
>
> 백설 공주
>
> 옛날에 한 왕비가 창가에 앉아 바느질하고 있었다. 실수로 바늘이 손가락을 찌르자 피 한 방울이 흑단으로 된 창틀에 쌓인 흰 눈 위로 떨어져 내렸다. 이것을 본 왕비는 "이 까만 흑단 같은 머릿결에 흰 눈 같은 피부에 이 피처럼 붉은 입술을 가진 딸을 가졌으면"하고 소망하였다. 얼마 지나지 않아 왕비는 아이를 가졌고, 소원한 것과 같이 흑단같이 까만 머릿결에 흰 눈처럼 하얀 피부, 피처럼 붉은 입술을 가진 딸을 낳았고 아이 이름을 백설 공주라 지었다. 그러나, 왕비는 백설 공주를 낳은 지 얼마 안 되어 죽고 말았다.
>
> 왕비
>
> 새로 맞이한 왕비는 아름다웠으나 허영심이 많았다. 특히, 욕심이 많은 마녀였다. 왕비는 마법 거울을 갖고 있었는데 이런저런 질문을 하면 그에 맞는 대답을 하였다. 이를테면 왕비가 "거울아, 거울아 이 나라에서 누가 가장 예쁘지?"라고 물으면, 거울은 "여왕님이십니다"라고 진실만 대답하는 것이다. 백설 공주가 점점 아름답게 자라 7살이 되었을 때 왕비가 거울에 물었다. "거울아, 거울아 이 나라에서 누가 가장 예쁘지?" 그러자 거울은 "왕비님은 정말 아름다우십니다. 그러나 백설 공주가 더 아름답습니다."라고 대답하였다.
>
> 도망

질투심에 휩싸인 왕비는 사냥꾼에게 백설 공주를 숲으로 데려가 죽이고 그 증거로 심장을 가져오라 명령한다. 숲으로 백설 공주를 데려간 사냥꾼은 차마 백설 공주를 죽이지 못하고 숲속으로 도망가라 이르고는 대신에 어린 멧돼지의 심장을 가져간다. 왕비는 심장을 요리하여 먹어버린다.

난쟁이와의 협상

숲속에서 백설 공주는 일곱 난쟁이의 오두막을 발견한다. 난쟁이들은 "우리가 일하는 동안 집을 돌봐 준다면 머물러도 좋다."고 백설 공주를 받아들인다. 얼마의 시간이 지난 후 또다시 거울에 "누가 가장 예쁘냐?"라고 물은 왕비는 백설 공주가 살아있으며 여전히 자기보다 예쁘다는 답을 듣게 된다. 이후 왕비는 백설 공주를 없애고자 3번 난쟁이의 오두막을 찾는다. 세 번째 찾아가 건넨 독이 든 사과를 먹고 백설 공주는 쓰러진다. 집으로 돌아와 쓰러져 있는 백설 공주를 발견한 난쟁이들은 크게 슬퍼하며 유리로 된 관에 백설 공주를 눕힌다.

결혼

시간이 흘러 숲을 지나던 왕자가 유리관에 놓인 백설 공주를 보고 첫눈에 반한다. 왕자는 난쟁이들에게 사정하여 유리관을 얻는다. 숲을 지나 유리관을 옮기는 동안 유리관이 덜컹거리자 목에 걸린 독사과가 빠져나오고 백설 공주는 다시 정신을 차린다. 왕자는 매우 기뻐하고 백설 공주와 결혼한다.

결말

한편 왕궁에 돌아온 왕비는 의기양양하게 거울에 "누가 가장 예쁘냐?"라고 묻는다. 거울은 "왕비님은 정말 아름다우십니다. 그러나 새로 왕비가 된 백설 공주가 당신보다 천 배는 아름답습니다."라고 대답한다. 자신의 양녀가 여전히 살아있을 뿐만 아니라 이웃 나라의 왕비가 되었다는 것을 알게 된 왕비는 그 길로 백설 공주의 결혼식장으로 달려간다. 결혼식에 나타난 왕비는 붙잡혀 처벌받게 된다. 왕비에게는 빨갛게 달구어진 쇠구두가 신겨졌고, 왕비는 죽을 때까지 춤추듯 뛰어다녔다.

네, 그렇습니다. 대체로 널리 알려진 백설 공주 이야기의 줄거리는 위와 같습니다. 하지만 지역 및 문화에 따라 다소 차이가 있을 수 있습니다. 예를 들어, 일부 버전에서는 백설 공주가 일곱 난쟁이 대신 일곱 마법사를 만날 수도 있습니다. 또한, 일부 버전에서는 왕비가 마법 거울이 아니라 마녀에게 물어보는 등 약간의 변화가 있을 수 있습니다.

어느 연못가에서 살고 있던 엄마 오리가 알들을 품고 있었다. 엄마 오리의 알들에서는 아기 오리가 하나씩 태어났지만, 외모가 다른 모습을 한 아기 오리도 태어났다. 아기 오리의 부모는 칠면조라고 생각했고 아기 오리는 주변에 살던 오리들로부터 괴롭힘을 받게 된다.

주변에 살던 오리들로부터 괴롭힘을 피하기 위해 아기 오리는 연못가를 떠나 여러 곳을 돌아다니게 된다. 시간이 지나면서 어른이 된 아기 오리는 자신이 오리가 아닌 백조였음을 알아차리게 된다.

그렇습니다. 이야기의 제목은 '모두를 생각하는 백조'이며, 유명한 동화 작가인 안데르센이 쓴 작품 중 하나입니다. 이 이야기에서는 아기 오리가 괴롭힘을 받으면서도 자신이 다른 모습을 한 이유를 찾아가는 과정에서 자신감을 회복하고, 결국 자신이 백조임을 깨닫게 되는 이야기입니다. 아기 오리가 다른 모습을 가졌음에도 불구하고 자신감을 잃지 않고, 어떤 환경에서도 자신의 아름다움을 발견할 수 있는 메시지가 담겨 있습니다.

어느 왕국에 새 옷을 좋아하는 호화로운 임금님이 살고 있었다. 왕실에서 근무하는 두 명의 재봉사가 임금님을 만난 자리에서 근사한 옷을 지어주겠다고 하였으나 이들이 지어준 옷은 '눈에 보이지 않는 옷'이었다.

그렇지만 임금님의 눈에 보이지 않는다는 옷은 실제로는 아무것도 없는 옷이었다. 임금님이 이 옷을 입고 길거리를 행진하자 사람들은 처음에는 임금님을 칭송하였다. 그렇지만 한 아이가 "임금님이 벌거벗었다."는 진실을 말하면서 진실을 이야기하기 시작하였다. 이 작품은 수십 개 이상의 언어로 번역되었다.

이 이야기는 "새 옷"이라는 제목으로 유명한 동화 작가인 안데르센이 쓴 작품 중 하나입니다. 이 이야기에서는 재봉사들이 만든 "눈에 보이지 않는 옷"을 입은 임금님이, 자신을 칭찬하는 대중들 속에서 진실을 발견하고 자신의 어리석음을 인정하게 되는 이야기입니다. 작품은 위선과 진실, 자만심과 겸손, 그리고 참된 우정과 사랑의 가치에 대해 생각해 볼 수 있도록 우리에게 교훈을 줍니다. 이 이야기는 전 세계에서 사랑받는 동화 중 하나이며, 다양한 언어로 번역되어 많은 사람에게 읽히고 있습니다.

두건이 달린 망토를 입은 것으로 묘사되는 어린 소녀 빨간 두건은 아프신 할머니에게 드릴 음식을 갖고 숲속을 지나간다. 사나운 늑대는 빨간 두건을 잡아 먹고 싶지만 다른 사람들에게 들킬까 걱정이 되어 꾀를 내어 빨간 두건에게 다가간다. 순진한 빨간 두건은 자기가 어디로 가는지 이야기하고 늑대는 꽃을 따다 드리면 할머니가 좋아할 것이라 말한다. 빨간 두건이 숲에서 꽃을 따는 사이 늑대는 할머니 집으로 가 할머니를 통째로 삼킨 다음 할머니로 변장하고 빨간 두건을 기다린다.

할머니 집에 들어온 빨간 두건은 할머니가 이상하게 변한 것을 보고 이것 저것 묻는다. 이 이야기의 최고점은 "할머니 이빨이 왜 이렇게 커요?"라는 빨간 두건의 질문에 늑대가 "널 잡아먹기 좋으려고!"라고 대답하며 빨간 두건을 통째로 삼키는 장면이다. 이후 사냥꾼이 달려와 늑대를 잡고 배를

갈라 할머니와 빨간 두건을 구한다.

이야기의 판본에 따라 빨간 두건이 먹히기 전에 사냥꾼이 등장하기도 하고 늑대의 배에 돌덩이를 채워 강물에 빠뜨리기도 한다.

 이 이야기는 "빨간 모자"라는 제목으로 유명한 동화입니다. 이 이야기에서는 어린 소녀 빨간 두건이 숲속을 지나가며 사나운 늑대와 마주치게 되는데, 늑대는 빨간 두건을 속여 할머니 집으로 가서 빨간 두건을 잡아먹으려고 합니다. 이 이야기에서는 빨간 두건의 순진함과 늑대의 교묘함이 대립되는데, 결국 빨간 두건과 할머니는 사냥꾼에게 구해지게 됩니다. 이 이야기는 다양한 판본이 존재하며, 늑대와 빨간 두건, 그리고 사냥꾼의 역할이나 결말 등이 다르게 표현될 수 있습니다. 그러나 이 이야기는 언제나 사람들에게 사랑받는 유명한 동화 중 하나입니다.

농장에서 많은 세월을 보낸 당나귀, 개, 고양이 그리고 닭(수탉의 경우 시간을 잘 알리지 못해서 쫓겨나거나 암탉의 경우 알을 잘 낳지 못해서 죽을 위기에 놓인다.)은 주인에 의해 학대받고 버림받게 된다. 그들은 농장을 떠나 자유로운 땅, 브레멘으로 가서 음악가가 되기로 결심한다. 브레멘으로 가는 길에 그들은 빛이 흘러나오는 집을 보게 되고 그 안에 네 명의 도둑들이 자신들이 훔친 전리품을 감상하는 것을 목격한다. 그들은 음식을 얻기 위해 사람인 척 행동하려 하지만(당나귀 위에 개, 개 위에 고양이, 고양이 위에 닭이 올라타 도둑들을 겁줄 의도로 한 내용도 있다) 그 소리를 들은 도적들은 모두 도망가 버린다. 덕분에 동물들은 집을 차지하고 좋은 음식을 먹을 수 있게 된다. 그날 저녁, 돌아온 도둑들은 집안을 정찰하기 위해 동료 한 명을 보낸다. 어두운 집안에서 그는 고양이의 빛나는 눈을 보지만 그는 그것이 촛불일 거라고 생각한다. 바로 그때 고양이는 그의 얼굴을 할

퀴고, 개는 그의 다리를 물고, 당나귀는 그를 발로 차며, 닭은 "꼬끼오, 꼬 꼬꼬꼬!!!" 소리를 내지르며 문밖으로 그를 내쫓는다. 그는 그의 동료들에 게 자신이 마녀에게 괴롭힘을 당했다고 주장한다. 마녀가 긴 손톱으로 자 신을 할퀴었으며(고양이), 오거가 칼로 자신을 베었고(개), 거인이 둔기로 자신을 내리쳤고(당나귀), 그보다 더한 것은 용이 천장 꼭대기에서 울부짖 었다고(닭. 판본에 따라 재판장이 "피고인에게 징역을 선고한다!"라고 했 다고 하거나, 경찰이 "꼼짝 마라!"라고 소리쳤다고 하기도 한다.) 이야기했 다. 도둑들은 집을 포기하고 동물들은 그곳에서 여생을 행복하게 보냈다.

> 이 이야기는 그 자체로는 특별한 의미나 메시지를 전달하는 것은 아 니지만, 주인공들이 자신들의 처지에 안주하지 않고 힘을 합쳐 새로 운 삶을 찾아가는 모험을 그리고 있다. 또한, 우리가 보지 못하는 것들 이 실제로는 존재할 수 있다는 메시지를 담고 있다. 이 이야기를 통해 우리는 사회적으로 소외된 집단들이 서로 협력하여 새로운 삶을 찾아 갈 수 있다는 것을 배울 수 있다. 또한, 각자의 특성과 능력을 활용하 면 상황을 극복할 수 있다는 것을 보여준다. 마지막으로, 이 이야기는 동물에게도 감정이 있으며, 동물들이 서로 협력하여 문제를 해결할 수 있다는 것을 보여준다.

> 몹시 추운 새해 전야 12월 31일 밤, 작은 소녀가 맨발에 얇은 옷을 입고 추 위에 떨며 거리에서 성냥을 팔고 있었다. 소녀는 성냥을 팔지 못하면 아버 지에게 매를 맞았기 때문에 성냥이 다 팔리기 전까지는 집에 돌아갈 수 없 었다. 그러나 거리를 지나가는 사람들은 연말의 분주함 때문인지 소녀를 본체만체하고 지나갔다. 깊은 밤에 소녀는 어느 집 앞에서 성냥에 불을 붙 였다. 소녀는 성냥의 불길과 함께 따뜻한 난로, 근사한 거위 구이 요리, 크 리스마스트리 등의 환상이 나타났다가 불길이 사라지면 동시에 사라지는

신기한 체험을 했다. 하늘에서 별똥별이 떨어지는 모습을 본 소녀는 할머니가 "별똥별은 누군가가 죽어가는 것을 상징한다"라고 말한 것을 떠올렸다. 다음번의 성냥에서 나온 불길에서는 생전에 소녀를 사랑과 친절로 대했던 할머니의 환영이 나타났다. 성냥의 불꽃이 사라지자 할머니가 사라지는 것을 두려워한 소녀는 당황해서 갖고 있던 성냥에 모두 불을 붙였다. 할머니의 모습은 밝은 빛에 휩싸이면서 소녀를 부드럽게 끌어안으며 천국으로 갔다. 새해 첫날 아침 소녀는 성냥들을 안고 행복한 미소를 지으면서 죽어 있었다. 그 광경을 본 사람들은 모두 한마음 한뜻으로 소녀를 위해 기도하고 나서 눈물을 흘렸다.

 이 이야기는 19세기 덴마크 작가 한스 크리스티안 안데르센의 '성냥팔이 소녀'입니다. 이 작품은 인류의 빈곤과 차별, 어린이들의 권리 등을 다루고 있으며, 소녀가 겪게 된 비참한 운명과 그녀의 상상력과 꿈, 그리고 희생과 구원의 이야기가 담겨 있습니다. 이 작품은 현재까지도 다양한 언어로 번역되어 세계적으로 사랑받는 어린이 동화 중 하나로 자리 잡았습니다.

무도회 참가

착하고 예쁜 신데렐라는 비록 귀족의 딸이나, 새엄마의 학대와 배다른 두 언니의 심술로, 하녀와도 같은 혹독한 나날을 겪고 있다. 그러던 중 요정 대모의 도움으로 신데렐라도 왕궁의 무도회에 갈 수 있게 된다. 요정 대모가 마술을 사용하여 그녀에게 옷과 보석, 마차를 마련해 주었기 때문이다. 그리고 또한 세상에서 가장 예쁜 유리 구두를 한 컬레 주었다. 다만 자정이 지나면 모든 마술이 사라진다고 말했다.

왕자와의 사랑

무도회에서 신데렐라의 아름다움은 왕자의 마음을 사로잡았다. 첫날밤에는 23시 45분에 궁을 떠나, 아무 문제가 생기지 않았다. 하지만 다음 날 밤에 더 아름다운 치장을 하고 무도회에 다시 온 신데렐라는 왕자와의 사랑의 대화에 빠져 24시의 첫 종소리가 울리기 시작할 무렵에야 정신을 차릴 수 있었다. 왕자에게 자신의 하녀 같은 모습이 드러날까 봐 너무 서두른 바람에 신데렐라는 유리 구두 한 짝을 잃어버리고 만다.

결혼과 결말

왕자는 유리구두의 주인이 자신의 신붓감이 될 것이라며 주인을 찾으라고 신하들에게 명령을 내린다. 신하들은 여러 마을을 돌아다니며 모든 아가씨에게 유리구두를 신어 보게 하지만 주인을 찾기가 쉽지 않았다. 결국, 신데렐라의 집에도 찾아오고, 두 언니가 구두를 신어보지만 구두는 발에 맞지 않았다. 신데렐라도 신어 보았는데, 유리구두가 신데렐라의 발에 꼭 맞아서 왕자는 신데렐라와 결혼하게 되었고 행복하게 산다.

> 네, 그렇습니다. 신데렐라는 유리 구두를 잃어버리고, 왕자는 유리 구두의 주인이 자기 신부가 될 것이라며 주인 찾기를 시작합니다. 결국, 신데렐라가 유리 구두를 신고 왕자와 결혼하게 되어 행복한 결말을 맞이하게 됩니다.

어느 날 아기 돼지 삼 형제는 어머니로부터 독립하여 살게 된다. 세 마리의 아기 돼지들은 자신만의 집을 짓기로 약속한다. 첫째 돼지는 지푸라기, 둘째 돼지는 나무로 허술하게 집을 지었지만 셋째 돼지는 벽돌로 튼튼하게 집을 짓게 된다.

어느 날, 그들을 잡아 먹으려고 하는 늑대가 나타나 허술하게 지어진 첫째,

둘째 돼지의 집을 단숨에 무너뜨려 그들을 잡아먹는다. 그러나 튼튼한 셋째 돼지의 집만은 무너지지 않았다. 집이 무너지지 않는다는 것을 깨달은 늑대는 셋째 돼지를 밖으로 유인하려 했다. 늑대는 순무밭, 사과나무, 시장으로 가서 셋째 돼지를 유인하려 했으나 셋째 돼지가 늑대와의 약속 시간보다 한 시간 일찍 나간 탓에 계획은 실패하고 말았다. 늑대는 셋째 돼지의 집 굴뚝으로 들어가는 계획을 세우지만 결국 그것을 눈치챈 셋째 돼지가 뜨거운 솥을 놓아 늑대는 죽게 된다.

> 맞아요, 그렇습니다! 셋째 돼지는 늑대를 속이지 못하고 그의 집에 들어오려는 것을 막으며, 뜨거운 물로 가득 찬 솥을 놓아 늑대를 끓이는 데 성공합니다. 이후 삼 형제는 늑대를 잡아먹으려 하지 않고 평화롭게 지내며, 셋째 돼지의 튼튼한 집에서 함께 살게 됩니다. 이 이야기는 우리에게 강한 의지와 끈기를 가지고 고난을 극복하며 살아가는 것의 중요성을 상기시켜줍니다.

옛날 어느 마을에 아이가 없던 부부가 있었다. 어느 날 임신한 아내는 이웃에 사는 마녀가 키우는 라푼젤(들상추)을 몹시 먹고 싶어 했다. 라푼젤을 먹지 못하면 죽을 것 같다고 졸라대는 아내를 위해 남편은 마녀의 밭에서 몰래 라푼젤을 훔쳐냈다. 라푼젤을 맛있게 먹은 아내는 또 라푼젤 먹고 싶다고 졸랐고, 남편은 또 마녀의 밭에 갔다가 마녀에게 들키고 말았다. 마녀는 태어날 아기를 자신에게 주면 용서해 주겠다고 제안하고, 남편은 이를 승낙했다.

시간이 흘러 아내는 딸을 낳았고 마녀는 약속대로 아기를 데려갔다. '라푼젤'이라는 이름이 붙여진 아이는 깊은 숲속에 있는 높은 탑에 갇혀 자라게 되었다. 그 탑에는 출입구가 없었고, 마녀는 라푼젤의 긴 황금빛 머리카락을 사다리 삼아 탑을 드나들었다.

그러던 어느 날 숲을 지나가던 왕자는 라푼젤의 아름다운 노랫소리에 이끌려 탑을 찾아오게 되었고, 마녀가 라푼젤의 머리카락을 타고 탑을 오르는 것을 보고 마녀가 없는 사이 자신도 같은 방법으로 탑에 올라갔다. 라푼젤과 왕자는 곧 사랑에 빠졌고 얼마 지나지 않아 마녀는 두 사람의 관계를 알게 되었다. 화가 난 마녀는 라푼젤의 머리카락을 잘라 들판으로 내쫓고, 이 사실을 모른 채 탑에 찾아온 왕자는 마녀에 의해 가시덤불 위로 떨어져 시력을 잃었다. 7년 후, 여기저기를 떠돌던 왕자는 쌍둥이 아이를 낳아 살고 있던 라푼젤과 재회하고, 라푼젤의 눈에서 떨어진 눈물이 왕자의 시력을 회복시켜 왕자와 라푼젤, 그리고 두 아이는 왕자의 나라로 돌아가 행복하게 살았다.

 옳은 이야기입니다! 라푼젤은 왕자와의 사랑을 통해 탑에서 벗어나 행복한 삶을 시작하게 되었고, 마녀의 악행을 교훈으로 삼아서 사랑과 관용을 아우르는 삶을 살게 되었습니다. 이야기에서는 자신이 행한 나쁜 일에 대한 후회와 반성을 통해 성장하는 모습도 보여주었는데, 마녀가 라푼젤의 머리카락을 잘라내기 전에는 적극적으로 라푼젤을 감금하고 그녀의 인간적인 가치를 인정하지 못했지만, 결국 라푼젤의 행복을 위해 마지막에는 자기 머리카락을 끊어내 주며 라푼젤과 왕자의 결혼식에도 축복을 건네는 모습을 보여줍니다.

In Tuscany, Italy, a carpenter named Master Antonio has found a block of wood that he plans to carve into a table leg. Frightened when the log cries out, he gives the log to his neighbor Geppetto, a poor man who plans to make a living as a puppeteer. Geppetto carves the block into a boy and names him "Pinocchio". As soon as Pinocchio's feet are carved, he tries to kick Geppetto. Once the puppet has been finished and Geppetto teaches him to walk, Pinocchio runs out the door and away into the town. He is caught by a Carabiniere, who assumes Pinocchio has been mistreated and imprisons Geppetto.

Pinocchio throws a hammer at the talking cricket.

Left alone, Pinocchio heads back to Geppetto's house to get something to eat. Once he arrives at home, a talking cricket warns him of the perils of disobedience. In retaliation, Pinocchio throws a hammer at the cricket, accidentally killing it. Pinocchio gets hungry and tries to fry an egg, but a bird emerges from the egg and Pinocchio has to leave for food. He knocks on a neighbor's door who fears he is pulling a child's prank and instead dumps water on him. Cold and wet, Pinocchio goes home and lies down on a stove; when he wakes, his feet have burned off. Luckily, Geppetto is released from prison and makes Pinocchio a new pair of feet. In gratitude, he promises to attend school, and Geppetto sells his only coat to buy him a school book.

Geppetto is released from prison and makes Pinocchio a new pair of feet.

The puppet master Mangiafuoco

On his way to school the next morning, Pinocchio encounters the Great Marionette Theatre, and he sells his school book in order to buy a ticket for the show. During the performance, the puppets Harlequin, Pulcinella and Signora Rosaura on stage call out to him, angering the puppet master Mangiafuoco. Upset, he decides to use Pinocchio as firewood to cook his lamb dinner. After Pinocchio pleads for his and Harlequin's salvation and upon learning of Geppetto's poverty, Mangiafuoco releases him and gives him five gold pieces.

The Fox and the Cat

On his way home, Pinocchio meets a fox and a cat. The Cat pretends to be blind, and the Fox pretends to be lame. A white blackbird tries to warn Pinocchio of their lies, but the Cat eats the bird. The two animals convince Pinocchio that if he plants his coins in the Field of Miracles outside the city of Acchiappacitrulli (Catchfools), they will grow into a tree with gold coins. They stop at an inn, where the Fox and the Cat trick Pinocchio into paying for their meals and flee. They instruct the innkeeper to tell Pinocchio that they left after receiving a message that the Cat's eldest kitten had fallen ill and that they would meet Pinocchio at the Field of Miracles in the morning.

The Fox and the Cat, dressed as bandits, hang Pinocchio.

As Pinocchio sets off for Catchfools, the ghost of the Talking Cricket appears, telling him to go home and give the coins to his father. Pinocchio ignores his warnings again. As he passes through a forest, the Fox and Cat, disguised as bandits, ambush Pinocchio, robbing him. The puppet hides the coins in his mouth and escapes to a white house after biting off the Cat's paw. Upon knocking on the door, Pinocchio is greeted by a young fairy with turquoise hair who says she is dead and waiting for a hearse. Unfortunately, the bandits catch Pinocchio and hang him in a tree. After a while, the Fox and Cat get tired of waiting for the puppet to suffocate, and they leave.

The Fairy saves Pinocchio

The Fairy has Pinocchio rescued and calls in three doctors to evaluate him – one says he is alive, the other dead. The third doctor is the Ghost of the Talking Cricket who says that the puppet is fine, but has been disobedient and hurt his father. The Fairy administers medicine to Pinocchio. Recovered, Pinocchio lies to the Fairy when she asks what has happened to the gold coins, and his nose grows. The Fairy explains that Pinocchio's lies are making his nose grow and calls in a flock of woodpeckers to chisel it down to size. The Fairy sends for Geppetto to come and live with them in the forest cottage.

They finally reach the city of Catchfools.

When Pinocchio heads out to meet his father, he once again encounters the Fox and the Cat. When Pinocchio notices the Cat's missing paw, the Fox claims that they had to sacrifice it to feed a hungry old wolf. They remind the puppet of the Field of Miracles, and finally, he agrees to go with them and plant his gold. Once there, Pinocchio buries his coins and leaves for the twenty minutes that it will take for his gold tree to grow. The Fox and the Cat dig up the coins and run away.

Pinocchio and the gorilla judge

Once Pinocchio returns, a parrot mocks Pinocchio for falling for the Fox and Cat's tricks. Pinocchio rushes to the Catchfools courthouse where he reports the theft of the coins to a gorilla judge. Although he is moved by Pinocchio's plea, the gorilla judge sentences Pinocchio to four months in prison for the crime of foolishness. Fortunately, all criminals are released early by the jailers when the Emperor of Catchfools declares a celebration following his army's victory over the town's enemies.

The giant snake

As Pinocchio heads back to the forest, he finds an enormous snake with a smoking tail blocking the way. After some confusion, he asks the serpent to move, but the serpent remains completely still. Concluding that it is dead, Pinocchio begins to step over it, but the serpent suddenly rises up and hisses at the marionette, toppling him over onto his head. Struck by Pinocchio's fright and comical position, the snake laughs so hard he bursts an artery and dies.

Pinocchio then heads back to the Fairy's house in the forest, but he sneaks into a farmer's yard to steal some grapes. He is caught in a weasel trap where he encounters a glowworm. The farmer finds Pinocchio and ties him up in his doghouse. When Pinocchio foils the chicken-stealing weasels, the farmer frees the puppet as a reward. Pinocchio finally returns to the cottage, finds nothing but a gravestone, and believes that the Fairy has died.

Pinocchio and the pigeon fly to the seashore.

A friendly pigeon sees Pinocchio mourning the Fairy's death and offers to give him a ride to the seashore, where Geppetto is building a boat in which to search for Pinocchio. Pinocchio is washed ashore when he tries to swim to his father. Geppetto is then swallowed by The Terrible Dogfish. Pinocchio accepts a ride from a dolphin to the nearest island called the Island of Busy Bees. Upon arriving on the island, Pinocchio can only get food in return for labor. Pinocchio offers to carry a lady's jug home in return for food and water. When they get to the lady's house, Pinocchio recognizes the lady as the Fairy, now miraculously old enough to be his mother. She says she will act as his mother, and Pinocchio will begin going to school. She hints that if Pinocchio does well in school and is good for one year, then he will become a real boy.

Alidoro saves Pinocchio from the Green Fisherman.

Pinocchio studies hard and rises to the top of his class, making the other boys jealous. They trick Pinocchio into playing hookey by saying they saw a large sea monster at the beach, the same one that swallowed Geppetto. However, the boys were lying and a fight breaks out. Pinocchio is accused of injuring another boy, so the puppet escapes. During his escape, Pinocchio saves a drowning Mastiff named Alidoro. In exchange, Alidoro later saves Pinocchio from The Green Fisherman, who was going to eat the marionette. After meeting the Snail that works for the Fairy, Pinocchio is given another chance by the Fairy.

The wagon of the Coachman that leads the boys in the Land of Toys

Pinocchio does excellently in school. The Fairy promises that Pinocchio will be a real boy the next day and says he should invite all his friends to a party. He goes to invite everyone, but he is sidetracked when he meets his closest friend from school, a boy nicknamed Candlewick, who is about to go to a place called Toyland where everyone plays all day and never works. Pinocchio goes along with him and they have a wonderful time for the next five months.

Pinocchio and Candlewick became donkeys.

One morning in the fifth month, Pinocchio and Candlewick awake with donkeys' ears. A marmot tells Pinocchio that he has got a donkey fever: boys who do nothing but play and never study always turn into donkeys. Soon, both Pinocchio and Candlewick are fully transformed. Pinocchio is sold to a circus where he is trained to do tricks, until he falls and sprains his leg after seeing the Fairy with Turquoise Hair in one of the box seats. The ringmaster then sells Pinocchio to a man who wants to skin him and make a drum. The man throws the donkey into the sea to drown him. When the man goes to retrieve the corpse, all he finds is a living marionette. Pinocchio explains that the fish ate all the donkey skin off him and he is now a puppet again. Pinocchio dives back into the water and swims out to sea. When the Terrible Dogfish appears, Pinocchio is swallowed by it. Inside the Dogfish, Pinocchio unexpectedly finds Geppetto. Pinocchio and Geppetto escape with the help of a tuna and look for a new place to live.

Pinocchio finds Geppetto inside the Dogfish.

Pinocchio recognizes the farmer's donkey as his friend Candlewick.

Pinocchio and Geppetto encounter the Fox and the Cat, now impoverished. The Cat has really become blind, and the Fox has really become lame. The Fox and the Cat plead for food or money, but Pinocchio rebuffs them and tells them that they have earned their misfortune. Geppetto and Pinocchio arrive at a small house, which is home to the Talking Cricket. The Talking Cricket says they can stay and reveals that he got his house from a little goat with turquoise hair. Pinocchio gets a job doing work for a farmer and recognizes the farmer's dying donkey as his friend Candlewick.

Pinocchio becomes a real human boy.

After long months of working for the farmer and supporting the ailing Geppetto, Pinocchio goes to town with the forty pennies he has saved to buy himself a new suit. He discovers that the Fairy is ill and needs money. Pinocchio instantly gives the Snail he met back on the Island of Busy Bees all the money he has. That night, he dreams that he is visited by the Fairy, who kisses him. When he wakes up, he is a real boy. His former puppet body lies lifeless on a chair. The Fairy has also left him a new suit, boots, and a bag which contains 40 gold coins instead of pennies. Geppetto also returns to health.

The story of Pinocchio is a classic tale that teaches valuable lessons about honesty, obedience, and hard work. Pinocchio starts as a disobedient and mischievous puppet who struggles to do the right thing, but through his adventures and trials, he learns the importance of being truthful, responsible, and caring. The story is also a reflection of Italian culture and society, as it depicts the struggles of poverty, the importance of education, and the dangers of deceit and temptation. Overall, Pinocchio is a timeless classic that continues to inspire and entertain children and adults around the world.

옛날 옛적 어느 곳에 과부가 된 어머니와 가난한 소년 잭이 농장 오두막에서 살고 있었다. 젖소가 유일한 수입원이었는데, 젖소에게서 더는 우유가 나오지 않자 잭의 어머니는 소를 시장에 데려가 팔라고 말한다. 게으름뱅이 잭은 길을 가다가 만난 남자로부터 콩과 소를 교환한다. 집으로 돌아간 잭은 어머니에게 콩을 주었지만 마음이 상했던 어머니는 콩을 집 밖에 있는 정원에 던진다. 다음 날 아침에 그 콩은 커다란 나무로 자랐다.

잭은 콩나무를 타고 올라가면서 구름 위에 있는 거인의 성에 도착했다. 거인의 성에서 만난 거인의 아내는 잭에게 남편은 사람을 잡아먹는 괴물이기 때문에 빨리 피하라고 명령했다. 거인의 아내는 거인이 돌아오는 모습을 보고 잭을 숨겨놓았지만, 거인은 사람 냄새가 난다고 말했다.

거인이 자는 사이에 잭은 황금알을 낳는 닭을 빼앗아 집으로 돌아왔다. 그 뒤 잭은 다시 콩나무를 올라타고 금과 은이 든 자루를 빼앗았다. 그러나 잭이 하프를 가져갈 때 하프가 말하는 바람에 거인은 잠에서 깨어난다. 급히 지상으로 돌아간 잭은 콩나무를 도끼로 자르면서 잭을 쫓아오고 있던 거인은 콩나무에서 떨어져 죽게 된다. 부자가 된 잭과 어머니는 행복하게 살게 된다.

 네, 그렇습니다. 과부가 된 어머니와 가난한 소년 잭은 농장 오두막에서 살고 있었는데, 젖소가 유일한 수입원이었는데 젖소에게서 더는 우유가 나오지 않자 잭의 어머니는 소를 시장에 데려가 팔려고 합니다. 그러나 게으름뱅이인 잭은 길을 가다 만난 남자로부터 콩과 소를 교환합니다. 이후, 어머니는 화가 나 콩을 집 밖에 있는 정원에 던집니다. 하지만 그 콩은 커다란 나무로 자랍니다. 이후, 잭은 콩나무를 타고 올라가 거인의 성에서 황금알을 낳는 닭, 금과 은이 든 자루, 하프 등을 빼앗아 오지만 거인은 콩나무에서 떨어져 죽게 됩니다.

콩쥐의 고생

콩쥐가 일찍 모친을 여의고 아버지가 계모를 얻었는데 계모에게는 팥쥐라는 딸이 있었다. 팥쥐는 콩쥐보다 한 살 아래 동생인데, 얼굴이 밉고 마음씨가 고약했다. 계모는 팥쥐를 예뻐하고 콩쥐에게만 힘든 집안일을 다 시키니 콩쥐의 고생이 이만저만 아니었다. 나무로 된 호미를 주고 밭을 매어 놓으라 강요하고, 하루는 팥쥐 모녀가 콩쥐에게 마을 잔치에 못 가게 하려고 콩쥐에게 강피를 찧어놓으라 강요하고, 밑 빠진 독에 물을 채워놓으라고 하였다.

하지만 독에 밑이 빠진 것을 안 콩쥐는 너무 슬펐다.

동물들이 돕다.

콩쥐가 물이 새는 독 앞에서 울고 있으니 두꺼비가 나와 깨진 독을 등으로 막아 물을 채울 수 있게 해주었고, 견우가 나타나서 밭매기를 도와주었으며, 직녀는 콩쥐에게 비단옷하고 꽃신을 짜주고, 참새들이 날아와서 강피를 쪼아 주었다. 콩쥐가 그것들을 차려입고 마을 잔치에 갈 준비를 했다. 잔치에 황급히 가다가 그만 꽃신 한 짝이 벗겨졌는데 뒤따라온 김씨 감사(벼슬 이름)가 그것을 주워보고, "이 신의 주인이 나의 아내가 될 사람이다."라고 말하고 꽃신의 주인을 찾아 잔칫집에 온 사람들에게 차례로 꽃신을 신겨보고 마지막에 콩쥐가 신어서 발에 딱 맞아 콩쥐를 부인으로 맞게 되었다.

죽임당하다.

김 감사에게 시집가 잘살고 있는 콩쥐를 보며 계모와 팥쥐가 못된 꾀를 부리며 작당한다. 여름이 되자 팥쥐가 내아에 사는 콩쥐를 찾아가 사과하는 척하고 같이 연못에서 목욕하자고 꼬드겨 콩쥐를 물에 빠뜨려 익사시킨다. 그리고 팥쥐가 콩쥐의 옷을 입고 별당에서 콩쥐 행세를 한다. 돌아온 김 감사가 달라진 얼굴을 보고 놀라 물어보니 팥쥐가 햇볕을 쐬어서 콩멍석에 엎어져서 그렇게 됐다고 거짓말을 했다.

연꽃과 구슬

어느 날 김 감사가 연못가를 거닐다가 유달리 큰 연꽃이 핀 것을 보고 채취하여 신혼 방에 장식한다. 연꽃은 콩쥐의 원혼이 변해서 피어난 꽃이며, 꽃이 감사 앞에서는 화려하게 피지만 나중에 팥쥐가 연꽃을 보자 거기서 콩쥐의 유령이 나와 괴롭힌다. 이에 팥쥐가 연꽃을 아궁이에 넣고 불을 싸지른다. 그런데 이웃집 할멈이 아궁이 불씨를 빌리러 왔다가 아궁이에 든 영롱한 구슬을 보고 집으로 가져간다. 거기서 녹의홍상 입은 콩쥐 귀신이 나타나 할멈에게 자초지종을 이야기하고, 할멈에게 생일상 차리는 척하여 감사를 초대하라고 말한다.

할멈의 지혜

할멈은 자신의 생일이라고 김 감사를 초대하였고 일부러 길이가 서로 다른 젓가락을 놓아둔다. 그러자 김 감사가 음식 집으려고 젓가락을 보더니 할멈을 나무란다. 이때 벽장 뒤에서 "젓가락 짝이 맞지 않은 것은 잘 아시면서 왜 사람 짝 다른 것은 모르시오."하고 말하더니 녹의홍상을 입은 콩쥐가 나타나 사연을 이야기한다.

발각되다

김 감사가 집으로 돌아와 연못물을 다 퍼내자 정말 거기서 콩쥐의 시체가 발견되었고, 이내 살아났다. 분노한 김 감사는 당장에 팥쥐를 잡아 감옥에 가두고 조정에 상소를 올린다. 그리고 팥쥐를 팔다리를 묶어서 양쪽에서 소가 잡아당기게 하는 거열형으로 찢어 죽인다. 그리고 죽은 팥쥐의 인육으로 젓갈을 담아 포장하여 팥쥐 엄마에게 보낸다. 계략대로 팥쥐가 성공하여 상을 보낸 줄 알고 젓갈을 먹었다가 죽은 팥쥐의 시체라는 것에 놀라 그 자리에서 울다가 죽어버린다. 콩쥐는 김 감사와 아들딸 낳고 잘 살았으며, 콩쥐의 아버지 또한 새 부인을 얻어서 잘 살았다.

이야기의 주인공인 콩쥐는 어려운 환경에서 고생하면서도, 동물 친구들의 도움과 지혜로 극복해나가는 모습을 보여줍니다. 하지만 계모와 팥쥐의 악행으로 인해 죽임당하게 되는 비극적인 결말이 있습니다.

…(후략)

독일 하멜른은 평화로운 마을이었다. 그러나 하멜른에 쥐가 나타나기 시작했다. 쥐는 마을 사람들에게 매우 큰 피해를 줬다. 어느 날, 피리 부는 사나이가 마을에 나타나 천 냥이라는 큰돈을 요구하며 자신이 쥐를 잡겠다고 나선다. 그는 거리로 나가 피리를 연주했는데, 그는 베저강으로 쥐들을 유인해 쥐 떼들은 결국 물에 빠져 죽고 만다. 그러나 마을 사람들은 사나이에게 쥐가 강물에 빠져 죽은 거지 피리 소리를 듣고 죽은 게 아니지 않냐며 천 냥을 주지 않는다. 잠시 후, 사나이는 거리로 나가 다시 피리를 연주했다. 이번에는 피리 소리에 마을에 사는 아이들이 따라 나왔다. 사나이와 아이들은 점점 더 언덕 쪽으로 갔다. 피리 부는 사나이와 아이들은 언덕으로 들어갔고, 마지막 아이까지 들어가자 언덕의 문은 닫히고 만다. 그 뒤로 사람들은 다시 아이들을 데리고 돌아오면 천 냥을 주겠다고 했지만, 결국 사나이와 아이들은 끝내 돌아오지 않았다.

이야기는 독일의 구슬 공장에서 시작된 것으로 알려져 있습니다. 구슬 공장에서 일하던 직원이 이 이야기를 만들어내었다고 합니다.

이 이야기는 "쥐 잡는 사나이"라고 불리며, 독일 전역에서 유명합니다. 이 이야기는 현실에서 일어난 일을 바탕으로 만들어졌습니다. 1284년, 이탈리아의 하멜른에서 쥐가 대량으로 발생하였고, 이 문제를 해결하기 위해 피리 부는 사나이가 나타났습니다. 이 사나이는 피리를 연주하며 쥐를 베저강으로 유인하여 죽였다는 이야기가 전해졌습니다.

…(후략)

높이 솟은 기둥 위에 보석들로 치장한 행복한 왕자 동상이 있고 사람들은 그 동상을 찬미한다. 어느 겨울날, 갈대와 노니느라 따뜻한 나라인 이집트로 가지 못한 제비가 밤에 동상 위에서 쉬다가 행복한 왕자의 눈물을 본다. 행복한 왕자 동상은 아래로 내려다보이는 비참한 도시의 모습이 마음 아프다며, 제비에게 자신을 도와 달라고 부탁한다. 이에 제비는 왕자가 들고 있던 칼자루의 루비를 아픈 아이에게 물어다 주어 엄마와 아픈 아이에게 오렌지를 먹일 수 있도록 했고, 배가 주려서 글을 쓰지 못하던 가난한 작가와

성냥팔이 소녀에게 눈에 박혀있던 사파이어를 가져다준다. 또한 몸을 덮고 있던 금 조각들을 모두 떼 가난한 사람들에게 나누어 주었다. 처음에는 "내 친구들은 이집트에서 겨울을 나고 있는데…."라면서 불안해하던 제비는 이후 왕자가 "이제 네가 할 일은 없어. 친구들이 있는 이집트로 가려무나."라고 말하자 "아니에요, 당신 곁에 있는 것이 좋아요."라면서 그가 하려는 일을 돕고자 했다. 열이 올라서 힘들어하는 어린이가 낫도록 날갯짓을 할 만큼 가난한 이들의 어려운 처지를 헤아리는 마음이 생겼기 때문이었다. 행복한 왕자의 모습은 점점 초라해져 가고, 심부름하던 제비는 추운 날씨 탓에 죽고 말았다. 이제는 초라해지고 볼품없어진 행복한 왕자 동상을 시의원들은 아예 녹여 버리기로 한다. 그러나 행복한 왕자의 쪼개져 버린 심장만은 녹지 않았다. 이때 하늘나라에서는 하나님이 천사에게 도시에서 가장 귀한 두 가지를 가져오라고 명령했다. 그러자 천사는 주저 없이 행복한 왕자의 쪼개진 심장과 죽은 제비를 가져다 바쳤고, 그리하여 그들은 천국에서 행복하게 살았다고 한다.

 이 소설은 영국의 작가 오스카 와일드(Oscar Wilde)가 쓴 "행복한 왕자"입니다. 이 작품은 현실 세계와 동화 세계가 얽힌 이야기로, 행복한 왕자 동상과 제비, 그리고 그들이 만나게 된 사람들을 통해 인간의 태도와 가치를 다루고 있습니다.

…(후략)

Although the character appeared previously in Barrie's book The Little White Bird, the play and its novelisation contain the story of Peter Pan mythos that is best known. The two versions differ in some details of the story, but have much in common. In both versions Peter makes night-time calls on the Darlings' house in Bloomsbury, listening in on

Mrs. Mary Darling's bedtime stories by the open window. One night Peter is spotted and, while trying to escape, he loses his shadow. On returning to claim it, Peter wakes Mary's daughter, Wendy Darling. Wendy succeeds in re-attaching his shadow to him, and Peter learns that she knows many bedtime stories. He invites her to Neverland to be a mother to his gang, the Lost Boys, children who were lost in Kensington Gardens. Wendy agrees, and her brothers John and Michael go along.

Their magical flight to Neverland is followed by many adventures. The children are blown out of the air by a cannon and Wendy is nearly killed by the Lost Boy Tootles. Peter and the Lost Boys build a little house for Wendy to live in while she recuperates (a type of structure that to this day is called a Wendy house). Soon John and Michael adopt the ways of the Lost Boys.

Illustration of Peter Pan playing the pipes in Neverland by F. D. Bedford from the first edition

Peter welcomes Wendy to his underground home, and she immediately assumes the role of mother figure. Peter takes the Darlings on several adventures, the first truly dangerous one occurring at Mermaids' Lagoon. At Mermaids' Lagoon, Peter and the Lost Boys save the Indian chief's daughter, Tiger Lily, and become involved in a battle with the pirates, including the evil Captain Hook, Peter's nemesis. He is named after the hook that replaced his right hand that Peter cut off in a fight. From thereon, Hook has been hunted by the crocodile which ate his hand after it fell into the water and now wants to eat the rest of him. The crocodile also swallowed a ticking clock, so Hook is wary of all ticking sounds. Peter is wounded when Hook claws him. He believes he will die, stranded on a rock when the tide is rising, but he views death as "an awfully big adventure". Luckily, the Neverbird allows him to use her nest as a boat, and Peter sails home.

In gratitude for Peter saving Tiger Lily, her tribe guards his home from the next imminent pirate attack. Meanwhile, Wendy begins to fall in love with Peter and asks him what kind of feelings he has for her. Peter says that he is like her faithful son. One day while telling stories to the Lost Boys and her brothers, John and Michael, Wendy recalls her parents and then decides to take them back and return to England. Unfortunately, and unbeknownst to Peter, Wendy and the boys are captured by Captain Hook, who also tries to poison Peter's medicine while the boy is asleep. When Peter awakes, he learns from the fairy Tinker Bell that Wendy has been kidnapped – in an effort to please Wendy, he goes to drink his medicine. Tink does not have time to warn him of the poison, and instead drinks it herself, causing her near death. Tink tells him she could be saved if children believed in fairies. In one of the play's most famous moments, Peter turns to the audience watching the play and begs those who believe in fairies to clap their hands.

Peter heads to the ship. On the way, he encounters the ticking crocodile; Peter decides to copy the tick, so any animals will recognise it and leave him unharmed. He does not realise that he is still ticking as he boards the ship, where Hook cowers, mistaking him for the crocodile. While the pirates are searching for the croc, Peter sneaks into the cabin to steal the keys and frees the Lost Boys. When the pirates investigate a noise in the cabin, Peter defeats them. When he finally reveals himself, he and Hook begin the climactic battle, which Peter easily wins. He kicks Hook into the jaws of the waiting crocodile, and Hook dies with the satisfaction that Peter had literally kicked him off the ship, which Hook considers "bad form". Then Peter takes control of the ship, and sails the seas back to London.

In the end, Wendy decides that her place is at home, much to the joy of her heartsick mother. Wendy then brings all the boys but Peter back to London. Before Wendy and her brothers arrive at their house, Peter flies ahead, to try and bar the window so Wendy will think her mother has forgotten her. But when he learns of Mrs. Darling's distress, he bitterly leaves the window open and flies away. Peter returns briefly, and he meets Mrs. Darling, who has agreed to adopt the Lost Boys. She offers to adopt Peter as well, but Peter refuses, afraid they will "catch him and make him a man." It is hinted that Mary Darling knew Peter when she was a girl, because she is left slightly changed when Peter leaves.

Peter promises to return for Wendy every spring. The final scene of the play takes place a year later when we see Wendy preparing to go back home after the spring-cleaning has taken place. It is stated that Tinker Bell has died during this year since fairies are naturally short-lived creatures. However, Peter has already forgotten about Tinker Bell, the Lost Boys and even Hook when Wendy returns, and he does not understand Wendy's wistful wish that she could take him back with her. According to the narrator of the play "It has something to do with the riddle of his being. If he could get the hang of the thing his cry might become "To live would be an awfully big adventure!""

The story of Peter Pan is a classic tale that has captured the hearts of generations. It tells the story of a young boy who never grows up, and his adventures in the magical world of Neverland. The story is filled with adventure, danger, and the power of imagination.

…(후략)

헨젤과 그레텔은 가난한 나무꾼의 아이들이다. 가난을 두려워한 계모는 남편에게 아이들을 숲속에 버리라고 종용한다. 헨젤과 그레텔은 그녀의 계획을 듣고 집으로 가는 길을 표시하기 위해 하얀 조약돌을 모은다. 그들이 돌아오자 계모는 다시 아이들을 버릴 것을 이야기한다. 그때는 헨젤과 그레텔에겐 표식을 남길 것이 없었다. 다음번에는 빵 조각으로 길을 표시하지만, 불행하게도 숲의 동물들이 빵 조각을 먹어버려 헨젤과 그레텔은 길을 잃고 만다. 숲속에서 길을 잃은 그들은 빵(나중 버전에는 진저브레드)과 설탕 창문으로 만들어진 집을 발견한다. 이 집에 거주하는 노파는 그들을 안으로 초대하고 그들을 위해 축제를 준비한다. 하지만 그녀는 사실 마녀이고 그 집은 아이들을 꾀기 위해 지은 것인데 아이들이 살이 찌면 마녀가 잡아 먹는 것이었다. 마녀는 헨젤을 우리에 가두었고 그레텔을 하녀로 삼는다. 마녀는 헨젤을 끓일 준비를 하는 동안 그레텔에게 올라가서 빵을 굽는 오븐이 준비되었는지 확인하라고 한다. 하지만, 그레텔은 마녀가 그녀를 구울 생각임을 알고 꾀를 내어 마녀를 오븐에 들어가게 하고 뒤에서 오븐을 잠근다. 마녀의 집에서 보석을 가지고 나온 후 집으로 돌아가 아버지와 재회하는데 계모는 이미 죽은 이후였다. 이로써 모든 근심은 끝나고 그 후로 그들은 오랫동안 행복하게 살았다.

"헨젤과 그레텔"은 그리므로 그림 형제의 한 동화이다. 이 동화는 주로 어린이들을 대상으로 하며, 그들이 살아남기 위해서는 서로 협력하는 것이 중요하다는 메시지를 담고 있다. 이 동화에서는 가난과 위기를 극복하고 마녀와의 싸움에서 이긴 아이들이 행복하게 살아간다는 결말이 있다.

…(후략)

옛날 옛적에, 토끼와 거북이가 살고 있었다. 토끼는 매우 빨랐고, 거북이는 매우 느렸다. 어느날 토끼가 거북이를 느림보라고 놀려대자, 거북이는 자극을 받고 토끼에게 달리기 경주를 제안하였다. 경주를 시작한 토끼는 거북이가 한참 뒤진 것을 보고 안심을 하고 중간에 낮잠을 잔다. 그런데 토끼가 잠을 길게 자자 거북이는 토끼를 지나친다. 잠에서 문득 깬 토끼는 거북이가 자신을 추월했다는 사실을 깨닫게 되고 빨리 뛰어가보지만 결과는 거북이의 승리였다.

이야기의 교훈은 '느린 걸음으로라도 꾸준히 나아가면 결국 목적지에 도달할 수 있다'는 것이다. 이 이야기는 자만과 오만으로 인해 능력을 낭비하는 것이 얼마나 위험한지를 보여준다. 토끼는 자신의 능력에만 의존하고 까다로운 태도로 거북이를 괴롭혔지만, 결국에는 그의 오만함이 자신의 실패로 이어졌다. 반면에 거북이는 느리지만 꾸준한 노력으로 목적지에 도달하였다. 이 이야기는 우리에게 꾸준함과 인내가 중요하며, 자만과 오만은 어떤 일이든 망치는 요인이 될 수 있다는 것을 상기시켜 준다.

옛날 어느 곳에 한 평민이 살았는데 산의 정기를 받아서 겨드랑이에 날개 (비늘)가 있고 태어나자 이내 날아다니고 힘도 센 장수 아들을 기적적으로 낳았다(아기장수의 출생).그런데 부모는 이 아기장수가 크면 장차 역적이 되어서 집안을 망칠 것이라고 해서 아기장수를 돌로 눌러 죽인다(아기장수 의 1차 죽음). 아기장수가 죽을 때 유언으로 콩 다섯 섬과 팥 다섯 섬을 같 이 묻어 달라고 하였다(아기장수의 재기). 얼마 후 관군이 와서 아기장수 를 내놓으라고 하여 이미 부모가 죽었다고 하니 무덤을 가르쳐 달라고 하 는 것을 그 어머니가 실토하여 가 보았더니 콩은 말이 되고 팥은 군사가 되 어 아기장수가 막 일어나려고 하고 있었다. 그러나 그만 관군에게 들켜서 성공 직전에 죽임을 당하였다(아기장수의 2차 죽음). 아기장수가 죽은 뒤 아기장수를 태울 용마가 근처의 용소에서 나와서 주인을 찾아 울며 헤매다 용소에 빠져 죽었다(아기장수의 죽음이 확실한 것이 되었다는 증시).

> 이 이야기는 '아기장수 이야기'로, 대한민국 전라도에 전해지고 있는 전 래동화 중 하나입니다. 이 이야기는 형태적으로는 일반적인 구조를 따 르고 있으며, 가슴 아픈 결말이 특징입니다. 아기장수의 처음 죽음은 그 가 부모의 불안정한 판단과 행동으로 인해 일어난 비극적인 사건입니 다. 그러나 아기장수가 다시 살아나는 부분은 이 이야기의 기이한 측면 중 하나입니다. 그가 다시 살아나려는 노력 중에, 그가 매장된 곳의 콩 과 팥이 살아나는 것은 놀라운 것입니다. 이는 매장된 씨앗이 생명력을 가진 것처럼 보이기 때문입니다. 그러나 이러한 희망적인 시도도 결국 은 실패하게 되고, 아기장수는 최후의 순간까지 불행한 인생을 살아가 게 됩니다.

옛날에 한 부유한 상인이 세 딸, 세 아들과 함께 살고 있었다. 여섯 남매 모 두가 멋지고 아름다웠지만, 막내딸 벨은 특히 더 예쁘고 마음씨도 착했다.

그러던 어느 날 상인이 거래할 물건을 실은 배들이 거센 폭풍에 난파되면서, 상인과 가족은 모든 재산을 잃고 유일하게 남은 시골집으로 이사하게 된다. 얼마 후, 조난된 줄 알았던 배 중 한 척이 항구로 오고 있다는 소식에 상인은 부랴부랴 그곳으로 갈 준비를 한다. 항구로 가기 전에 막내딸 벨에게 무슨 선물을 사다 줄지 묻자, 벨은 장미꽃 한 송이를 부탁한다.

하지만 길을 떠난 상인은 도리어 사기를 당하게 되고, 더욱 궁색해진 모습으로 돌아오던 중 폭우를 만난다. 때마침 그 근처에 있던 오래된 성으로 몸을 피한 상인은 그곳에서 우연히 눈에 띈 장미 한 송이를 꺾는다. 벨에게 선물로 줄 장미를 구한 것이었다. 하지만 이는 성의 주인이었던 야수에게 야단맞고, 그 즉시 상인을 죽이려 한다. 상인이 살려달라고 애원하자, 야수는 살고 싶다면 상인의 딸 중 하나를 성으로 보내라고 명령한 후 상인을 돌려보낸다. 간신히 집으로 돌아온 상인은 딸들에게 자신이 야수의 성에서 겪은 이야기를 하지만, 나머지 딸들의 반응은 냉랭하다. 결국 마음 착한 벨이 아버지를 대신해 성으로 향한다.

성에 붙잡힌 벨과 함께 지내면서 사랑에 빠지게 된 야수는 벨이 가족을 그리워하자 마법의 거울로 아버지를 비춰준다. 거울에는 병든 상인의 모습이 비춰지고, 아버지를 만나고 싶어 하는 벨을 위해 일주일(혹은 사흘이나 두 달) 간 다녀올 수 있도록 허락해준다. 하지만 벨의 언니들은 벨이 성에서 호의호식한다는 것을 질투하며 오랜 시간 성으로 돌아가지 못하게 한다. 그러던 중 벨은 마법의 거울에 비친, 죽어가는 야수의 모습을 보게 되고, 그 즉시 야수의 성으로 달려간다. 그러나 벨이 도착했을 때는 이미 너무 늦어버렸다. 결국 벨은 죽어버린 야수를 끌어안고 그에게 뒤늦은 사랑 고백을 하고, 그 순간 추악한 모습의 야수는 잘생긴 왕자로 변하여 되살아난다.

어리둥절해하는 벨에게 왕자로 변한 야수가 모든 것을 설명해준다. 오래전부터 왕자는 못된 마녀의 청혼을 받았었다. 하지만 왕자가 그 청혼을 거절하자, 그 못된 마녀는 왕자에게 야수로 변하는 저주를 걸었던 것이다. 이후 왕자와 벨은 정식으로 결혼식을 올리고 오래오래 행복하게 산다.

옛날에 부유한 상인과 그의 가족이 살고 있었습니다. 상인은 세 딸과 세 아들을 가지고 있었고, 가족 모두가 매우 아름답고 멋졌습니다. 특히 막내딸인 벨은 더욱 매력적이었으며 선량한 마음을 지니고 있었습니다. 어느 날 상인은 거래하기 위해 배를 타고 출발하였습니다. 하지만 거센 폭풍에 당해 배는 난파되어 상인은 가족과 함께 재산을 모두 잃고 시골집으로 이사하게 됩니다.

…(후략)

경문왕은 귀가 당나귀처럼 길다는 것을 부끄러워했다. 단 한 사람, 그의 모자를 만드는 사람만이 이 사실을 알고 있었다. 그러나 그는 이 사실을 아무에게도 말하지 못해 답답해하다가 죽기 전에 도림사(道林寺) 쪽 대나무숲에서 "임금님 귀는 당나귀 귀!"라고 외쳤다. 뒤이어 이 소리는 바람을 타고 전국에 퍼졌다. 바람이 불 때마다 이런 소리가 들리자 경문왕은 대나무를 베어 버리고 산수유나무를 심도록 했는데 그 후로는 "임금님 귀는 길다"라는 소리가 들리게 되었다고 한다.

이 이야기는 한국의 전래동화 중 하나로, 경주지방에 있던 경문왕의 이야기입니다. 경문왕은 귀가 길다는 사실을 부끄러워했기 때문에, 자신의 비밀을 알고 있는 한 사람만이 있었습니다. 그러나 경문왕은 이 사실을 가슴에 담아 끝까지 숨기지는 못하고, 죽기 직전에 자신의 비밀을 바람에게 고함으로써 세상에 알렸습니다. 이렇게 바람을 타고 전국에 퍼진 경문왕의 비밀은 결국 모든 사람이 알게 되었으며, 이 이야기는 경문왕이 자기 잘못을 인정하고 바로잡으려는 모습을 담고 있습니다.

3 Chapter 7. 투자 전략의 프롬프트 엔지니어링

아래 내용은 본문 169페이지에 나오는 투자 전략 설계를 위한 프롬프트 엔지니어링 과정입니다.

👤 현대 포트폴리오 이론의 정의와 리스크가 상쇄되는 원리를 설명하시오.

🌀 현대 포트폴리오 이론(Modern Portfolio Theory)은 투자자가 예상 수익률과 리스크를 고려하여 최적의 포트폴리오를 구성할 수 있도록 도와주는 이론입니다. 이 이론은 1952년 해리 마코위츠(Harry Markowitz)에 의해 처음 제안되었으며, 주식, 채권 및 현금 등 다양한 자산군을 포트폴리오에 조합하여 투자하는 방법을 제시하고 있습니다.

이론의 핵심은 "분산화"라는 개념입니다. 즉, 포트폴리오에 다양한 자산군을 조합하여 투자함으로써 투자의 리스크를 줄일 수 있다는 것입니다. 이는 각각의 자산군이 독립적인 리스크를 가지고 있기 때문입니다.

…(후략)

👤 일반인들은 여러 회사에 나누어 투자하는 것을 충분히 분산된 투자라고 생각하는데, 이런 견해를 모던 포트폴리오 이론에 입각하여 수정하시오

🌀 일반적으로 분산된 투자를 하면서 여러 회사의 주식을 소유하는 것은 포트폴리오를 분산시키는 한 가지 방법입니다. 그러나 현대 포트폴리오 이론은 포트폴리오의 분산화에 대해 더욱 정교한 방법을 제시하고 있습니다.

모던 포트폴리오 이론에서는 투자자가 다양한 자산군을 조합하여 포트폴리오를 구성함으로써 투자의 리스크를 최소화하고 예상 수익률을 극대화할 수 있다고 제안합니다. 이론에 따르면, 투자자는 자산군 간의 상관관계를 고려하여 포트폴리오를 구성해야 합니다.

…(후략)

최근 10년간 인플레이션 지수는 연평균 2.65%입니다. 코로나19에 대한 대응으로 미국이 무제한 양적 완화를 시행하였으며, 현재에는 양적완화로 인한 반동을 바로잡기 위하여 전 세계의 중앙은행이 지속적으로 기준금리를 인상하고 있습니다.

맞습니다. 최근 10년간 전 세계적으로 낮은 인플레이션으로 특징지어졌으며, 특히 코로나19 대응으로 인해 미국을 비롯한 많은 국가가 양적 완화를 시행하였습니다. 이러한 양적 완화는 금리를 낮추고 자금을 대규모로 유입시킴으로써 경제 회복을 촉진하려는 목적이 있었습니다. 그러나, 양적 완화로 인한 통화의 과잉 발행으로 인한 인플레이션 우려가 커지자 전 세계의 중앙은행이 기준금리 인상을 시행하고 있습니다.

…(후략)

1. "Simple Path to Wealth" 포트폴리오는 전체 주식 시장을 추종하는 ETF와 전체 채권 시장을 추종하는 ETF를 3:1 비율로 분산하여 투자합니다. 최근 10년간 연평균 수익률은 9.66%이며, 최대 낙폭은 2022년 1월부터 9월까지의 -22.24%입니다.

"Simple Path to Wealth" 포트폴리오는 전체 주식 시장과 전체 채권 시장을 추종하는 ETF를 3:1 비율로 투자하는 전략으로, 상대적으로 안정적인 전략 중 하나입니다.

최근 10년간의 연평균 수익률이 9.66%로 매우 높은 편에 속하지만, 2022년 1월부터 9월까지 최대 낙폭이 -22.24%로 높은 위험도를 내포하고 있습니다. 따라서 이 전략은 상대적으로 고위험-고수익 전략으로 분류됩니다.

…(후략)

2. "All weather Portfolio" 포트폴리오는 전체 주식 시장을 추종하는 ETF를 30%, 금을 7.5%, 원자재를 7.5%, 미국 장기 채권을 40%, 미국 중기 채권을 15% 비율로 분산하여 투자합니다. 최근 10년간 연평균 수익률은 4.8%이며, 최대 낙폭은 2022년 1월부터 9월까지의 -20.19%입니다.

"All weather Portfolio" 포트폴리오는 주식, 금, 원자재, 장기 채권, 중기 채권 등 다양한 자산에 대한 투자를 조합한 전략입니다. 이 전략은 전반적으로 안정적인 수익을 추구하면서도, 포트폴리오 전체를 적극적으로 보호하고자 하는 전략입니다.

…(후략)

3. "Warren Buffet Portfolio" 포트폴리오는 비국 전체 주식 시장을 90% 비율로, 미국 단기채를 10% 비율로 투자합니다. 최근 10년간 연평균 수익률은 11.4%이며, 최대 낙폭은 2022년 1월부터 9월 까지 -23.08%입니다.

"Warren Buffet Portfolio" 포트폴리오는 미국 전체 주식 시장과 미국 단기채를 투자하는 전략입니다. 이 전략은 워런 버핏의 전략을 따르기 때문에 이 이름으로 불립니다. 이 전략은 상대적으로 안정적인 성과와 높은 수익을 추구할 수 있는 전략입니다.

…(후략)

4. "QQQ" 포트폴리오는 미국 나스닥 지수를 추종하는 ETF에 100% 비율로 투자합니다. 최근 10년간 연평균 수익률은 17.05%이며, 최대 낙폭은 2022년 1월부터 12월까지의 -32.58%입니다.

"QQQ" 포트폴리오는 미국 나스닥 지수를 추종하는 ETF에 100% 비율로 투자하는 전략으로, 기술 기업 중심의 포트폴리오입니다. 최근 10년간의 연평균 수익률이 17.05%로 높은 편이며, 특히 기술 기업의 발전으로 인한 수익률이 높게 나타났습니다.

…(후략)

5. "Couch Potato" 포트폴리오는 미국 전체 주식 시장과 미국 전체 채권 시장에 각각 50%씩 투자합니다. 최근 10년간 연평균 수익률은 6.88%이며, 최대 낙폭은 2022년 1월부터 9월까지의 -19.77%입니다.

 "Couch Potato" 포트폴리오는 미국 전체 주식 시장과 미국 전체 채권 시장에 각각 50%씩 투자하는 전략으로, passively managed index fund를 사용하여 구현합니다. 따라서 이 포트폴리오의 특징은 낮은 비용과 투자 전략의 단순함입니다.

…(후략)

6. "Short Term Treasury" 포트폴리오는 미국 단기채에 100% 투자합니다. 최근 10년간 연평균 수익률은 0.6%이며, 최대 낙폭은 2021년 6월부터 2021년 10월까지 -5.36%입니다.

> "Short Term Treasury" 포트폴리오는 안전성을 우선시하는 투자 전략으로, 미국 단기채에 100% 투자하는 것으로 구성되어 있습니다. 따라서, 이 포트폴리오의 수익률은 다른 전략에 비해 낮을 수밖에 없습니다.
>
> …(후략)

7. "Yale Endowment" 포트폴리오는 미국 전체 국채 15%, 미국 장기채 15%, 미국 Emerging Markets에 5%, 미국 대형주에 15%, 미국의 부동산에 20%, 미국의 전체 주식 시장에 30% 비중으로 투자합니다. 최근 10년간 연평균 수익률은 6.75%이며, 최대 낙폭은 2022년 1월부터 9월까지의 -25.53%입니다.

> "Yale Endowment" 포트폴리오는 대학 기금의 투자 전략으로 유명한 예일 대학의 투자 전략을 기반으로 한 전략입니다. 이 전략은 미국 전체 국채, 장기채, 신흥국 주식, 대형주, 부동산, 전체 주식 시장 등 다양한 자산군에 투자하는 전략으로, 전반적으로 안정적인 수익을 추구합니다.
>
> …(후략)

8. "Golden Butterfly" 포트폴리오는 금, 미국 소형가치주, 미국 대형주, 미국 단기채, 미국 장기채에 각각 20%씩 투자합니다. 최근 10년간 연평균 수익률은 5.85%이며, 최대 낙폭은 2022년 1월부터 9월까지의 −17.79%입니다.

"Golden Butterfly" 포트폴리오는 Portfoliocharts.com의 Tyler가 개발한 포트폴리오입니다. 이 포트폴리오는 금, 미국 소형가치주, 미국 대형주, 미국 단기채, 미국 장기채 다섯 가지 자산군에 균등하게 투자하는 것으로 구성되어 있습니다.

…(후략)